Pane, Vino e Peperoncino

Giusy Caporetto

Versione Italiana

Copyright © 2015 Giusy Caporetto

All rights reserved.

Editrice Barbara Ferri

ISBN:0994516010
ISBN-13: 978-0-9945160-1-5

DEDICA

Questo libro e` dedicato alle persone piu` importante della mia vita

I miei genitori Antonio e Melina Caporetto

Mia sorella Rosalba

I miei figli Deborah & Joshua

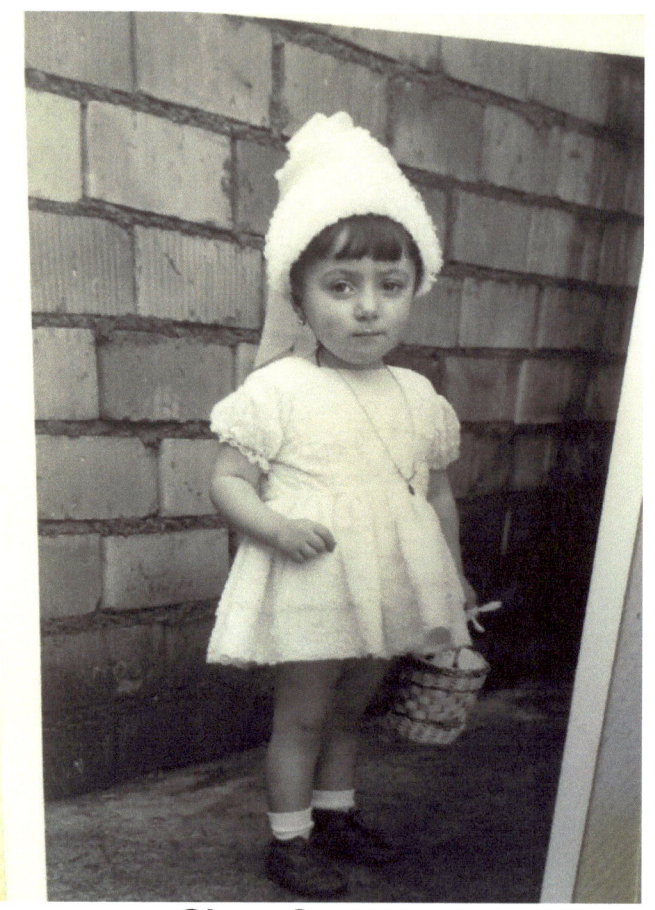

**Giusy Caporetto
Messignadi (RC)**

CONTENTS

	Ringraziamenti	i
1	Prefazione	Pg 7
2	Reggio Calabria	Pg 13
3	Catanzaro	Pg 18
4	Cosenza	Pg 22
5	Crotone	Pg 25
6	Vibo Valentia	Pg 28
7	Oggi Sposi	Pg 32
8	Pasqua	Pg 37
9	Natale	Pg 41
10	Carnevale	Pg 47
11	La Ginestra	Pg 55
12	I Panari	Pg 58
13	Il Sapone	Pg 62
14	Il Carbone	Pg 65
15	Il Bergamotto	Pg 68
16	Il Pane	Pg 71
17	Il Vino	Pg 85
18	Il Maiale	Pg 92
19	Il Pomodoro	Pg 103
20	Il Peperoncino	Pg 111
17	Olive	Pg 119
18	L'Olio	Pg 123
19	I Funghi	Pg 128
20	L'Orto	Pg 134

RINGRAZIAMENTI

Grazie a tutti voi

Prima di tutto alla mia famiglia; **Mamma, Papa', Rosalba, Deborah, Joshua e Stephanie** per aver creduto in questo progetto

Alla mia amica del cuore **Sarma Burdeu** per avermi incoraggiata in questo viaggio di 5 anni

Vincent Paul Difesa, Francesco Politi, Rosa Velona, Peppe Caridi, Mauro Malachia, Giuseppe e Rosina Martino, Enza Suriano, Filippo Tucci, Margaret Bagala, Melina Dieni, Tina Scarcella, Concetta Ligori, Carmel Natale Parisi, Natalina Caporetto, Joanne Perri, Caterina Longo, Tony e Lina Torcasio, Yolanda, Maria Teresa Condello, Saro Zancaro, Domenica Guarnera, , Frances Tranquillo , Enza, Rina, Mirco Tucci, Giuseppe Barbaro

Per avermi dato foto e informazioni

Bibliografia

Inciclopedia Universale, www.frantoio.biz, www.elicriso.it, www.comune.radicondoli.si.it, Wikipedia, www.calabriaonline.com

Alcune foto : Dollar Photo Club

A Messignadi, il piccolo paesino che mi fece crescere insegnadomi l'amore per la propria terra

Prefazione; La Calabria, terra del sole

Questa piccola regione d'Italia è spesso trascurata, ma chi ha voglia di conoscerla si accorge ben presto di aver trovato un tesoro, perché la Calabria pur non essendo molto ricca è una terra bellissima. Facile da descrivere per chi

non conosce la sua posizione geografica, è la punta dello stivale, accarezzata dal Mar Ionio e il Mar Tirreno.

Confina a nord con la Basilicata e a sud con lo stretto di Messina, che la separa dalla Sicilia. Il promontorio di Scilla, che sovrasta questo braccio di mare, offre la veduta più incantevole delle due regioni.

Molti non conoscono bene la storia di questa terra e credono che tutto iniziò con la spedizione dei Fratelli Bandiera nel 1844, ma alcuni studiosi hanno trovato tracce di insediamenti umani risalenti a 600 mila anni fa.

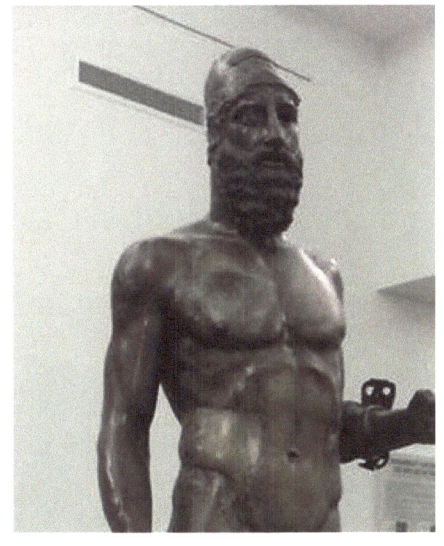

Gli archeologi hanno stabilito che le grotte di Talao a Scalea appartengono al periodo Paleolitico, l'età della Pietra Antica, mentre nei pressi di Girifalco ci sono ritrovamenti del periodo Neolitico, l'ultimo dei tre periodi della preistoria compresi nell'età della pietra. Nel museo di Reggio Calabria, infatti, sono conservati i restidi pietre ben levigate e lisce che erano usate come utensili per la caccia o l'agricoltura. Numerosi sono anche i ritrovamenti dell'età dei metalli. In Calabria, l'età del bronzo ha lasciato tracce vivissime, non soltanto presso Nocera Tirinese e Tirillo, ma soprattutto per i famosissimi Bronzi di Riace.

L'età del ferro si evidenzia invece presso posti come Nicotera, Roccella, Sant'Eufemia d'Aspromonte e Reggio Calabria. Infine a Calanna sono stati scoperti resti preistorici del X secolo A.C.

Nell'VIII secolo A.C. i Greci sbarcarono sulle coste della Calabria e fondarono diverse colonie: Saturnia, Ausonia, Enotria, Esperia e Italia. Compresero immediatamente l'importanza di queste terre dal terreno ricco e fertile e dalla posizione strategica e le chiamarono "MegaleEllas", Magna Grecia. Gli abitanti della Calabria meridionale furono chiamati Itali.

Dopo la conquista romana ci fu l'unificazione delle varie regioni e all'epoca di Augusto nel 42 A.C. tutta la penisola fu chiamata Italia.

Dopo la caduta dell'impero Romano, la Calabria passò al dominio Bizantino. Uno dei siti artistici più significativi che testimoniano questo periodo è la Cattolica di Stilo.

Federico II favorì l'incontro delle culture occidentali, islamiche e greco-ortodosse nel Meridione. Dopo la sua morte, il regno passò agli Angioni e a seguire gli Aragonesi, gli Spagnoli, gli Austriaci e i Borboni. Sotto il dominio borbonico, le coste della Calabria furono invase prima dai Saraceni e poi dai Turchi.

Nel 1816, la Calabria fu divisa in tre provincie: Cosenza, Catanzaro e Reggio Calabria.

La Calabria partecipò molto attivamente ai moti del Risorgimento e in molti furono i Calabresi che morirono nelle battaglie per la libertà e l'indipendenza d'Italia.

Dopo l'Unità d'Italia, la Calabria si trovò ad affrontare gravi problemi economici e nel XIX secolo furono in tanti i Calabresi che emigrarono all'estero; prima negli Stati Uniti, poi in Canada, in Australia e in Europa Occidentale.

L'amore per la propria terra accomuna tutti gli emigrati Calabresi, che pur essendo fisicamente lontani dalla loro terra d'origine, mantengono vive le tradizioni e i costumi della vecchia Calabria che portano nei loro cuori.

Le tradizioni sono tramandate di generazione in generazione. Alcuni esempi sono il rito del maiale, il pane fatto in casa, i pomodori in bottiglia, il vino e tante altre cose che scopriremo in questo libro.

Andremo a Catanzaro per il Morseddu, a Cosenza per la Sardella, a Crotone per U Cuadraru, a Reggio Calabria per lo Stocco e a Vibo Valentia per la Nduja.

Essendo una regione povera, la cucina Calabrese prende i suoi ingredienti dall'agricoltura e la pastorizia locale. Non ci sono molti libri sulla cucina Calabrese perché i segreti e le tecniche per preparare i piatti tipici erano tramandati gelosamente da madre in figlia. Lo stesso piatto era preparato in modo diverso da un paese all'altro e a volte prendeva anche un nome diverso, a seconda della zona d'origine.

Nella cucina tipica Calabrese non si usa misurare esattamente le quantità degli ingredienti, ma ogni cosa è dosata a occhio. In questo libro, preparerò invece tutte le ricette tipiche pesando gli ingredienti per facilitare il compito ai miei lettori.

Ringrazio tutti i Calabresi in Australia e nel mondo che mi hanno aiutata dandomi ricette, foto e informazioni per scrivere questo libro e concludo lasciandovi con un proverbio che diceva sempre mia nonna Caia Rosaria:

"Panziceda china fa cantari, no cammiseda nova."

"La pancia piena ti fa cantare, non una camicia nuova".

Reggio Calabria

Fu sul golfo Ionico che i greci trovarono la terra promessa e fondarono Rhegion, una città accarezzata dal Mar Tirreno, dal Mar Ionio e dallo Stretto di Messina. Reggio Calabria, com'è chiamata ai giorni nostri, è una città quasi esclusivamente agricola, amministrativa e commerciale. Storicamente, sono da ricordare le continue lotte contro Locri e Crotone, e la sua più grande rivale: Catanzaro.

Dopo il terribile terremoto del 1908, la città fu ricostruita insieme al meraviglioso lungomare, per questo non sono rimaste molte testimonianze degli insediamenti più antichi.

Secondo Giuseppe Verga, quello di Reggio Calabria era il più bel lungomare d'Europa.

Il lungomare è adornato da aiuole con fiori e piante esotiche, e offre la possibilità di piacevoli e rilassanti passeggiate circondati dalla bellezza del panorama.

La città possiede ricche collezioni archeologiche che includono reperti provenienti da scavi in Calabria e in Basilicata, importanti indizi della cultura antica della Magna Grecia.

Di queste collezioni, la scoperta di maggior rilievo è stata quella dei famosi bronzi di Riace. Due grandi statue di guerrieri greci della metà del  V secolo, che rappresentano l'immagine più tipica della cultura greca classica, manifestando l'armonia dell'universo attraverso la perfezione del corpo umano. Le due statue sono attribuite a Fidia o alla sua scuola. Un'altra collezione di grande interesse è costituita dai reperti dell'antica Locri: le pinakes (tavolette votive di terracotta in rilievo) che rappresentano il mito del ratto di Persefone e inoltre, una figura di efebo a cavallo sorretto da una sfinge.

La specialità gastronomica della provincia di Reggio Calabria è il pesce: dal pescespada alla ghiotta, dal salmoriglio, alle alici fritte, le sardine, il merluzzo, lo stoccafisso e la nannata.

Poi ci sono "i maccarruni i casa" con verdure fresche, legumi, o con sugo di carne.

STOCCAFISSO

Ingredienti:

1 chilo di stoccafisso ammollato

1 chilo di patate

150 grammi di olive

2 cucchiai di olio extra vergine d'oliva

2 cucchiai di salsa di pomodoro

1 cipolla rossa, Basilico

Prezzemolo, Sale, Pepe

Metodo di preparazione:

Lessare lo stoccafisso in acqua bollente per 30 minuti circa, poi scolarlo, asciugarlo e tagliarlo a pezzetti.

Riscaldare l'olio in un tegame, preferibilmente di terracotta, e soffriggere la cipolla e il prezzemolo tritati.

Aggiungere la salsa di pomodoro.

Aggiungere i pezzi di stoccafisso e le patate.

Aggiungere il basilico, sale e pepe.

Cuocere per 30 minuti, aggiungendo un po' d'acqua calda se serve.

Quando le patate saranno quasi cotte aggiungere le olive snocciolate e lasciare cuocere per altri 10 minuti. Servire lo stoccafisso caldissimo.

Pesce Spada alla Ghiotta

Ingredienti:

500 grammi di pesce spada fresco

250 grammi di pomodori

2 cucchiai di pinoli

1 cucchiaio di capperi

2 cucchiai di olive

1 cucchiaio di uva passa

Farina q.b.

Cipolla rossa di Tropea

Olio extra vergine di oliva

Basilico

Metodo di preparazione:

Tagliare il pesce a pezzetti, infarinarlo e friggerlo in una padella per qualche minuto. Dopo averlo fritto, farlo asciugare su della carta assorbente.

In una seconda padella, rosolare la cipolla con qualche cucchiaio d'olio, poi unire le olive, i pinoli, i capperi e l'uvetta. Se piace il piccante, si può aggiungere anche un po' di peperoncino.

Far rosolare il tutto per pochi minuti, poi unire i pomodori tagliati a pezzi e un pizzico di sale. Far cuocere fino a quando il sughetto sarà pronto. Unire i pezzetti di pesce già fritti per un paio di minuti a fuoco basso, aggiungere il basilico e servire.

Catanzaro

Non solo Catanzaro è la città accarezzata dai due mari, il Mar Ionio e il Mar Tirreno, ma è anche chiamata la città delle tre "V", in quanto è protetta da San Vitalino, rinfrescata dal forte vento che spira dalla Sila, e inoltre perché a Catanzaro si produce il velluto.

Città insediata dai Greci e dai Romani, già nei tempi antichi Catanzaro fu il soggetto delle storie di Polibio. Come ci insegna una di queste storie, la città Bizantina fu occupata dai Saraceni e dopo numerose ribellioni, tornò sotto il dominio Bizantino. Cadde poi sotto l'assedio Normanno e infine divenne parte del Regno di Napoli.

Il piatto tipico di Catanzaro è il Morzeddu.

La leggenda narra di una donna rimasta vedova con dei figli piccoli da mantenere alla quale era stato affidato il compito di pulire un cortile dove c'era una macelleria. Quando la donna vide gli avanzi della carne, anziché buttarli via li portò a casa. Li cucinò aggiungendo sale e pepe e con sua grande sorpresa preparò un piatto delizioso.

MORZEDDU

Ingredienti:

500grammi di trippa di vitello già cotta

500 grammidi interiora di vitello

200grammi di pancia di vitello

200grammi di concentrato di pomodoro

500grammi di Cipolline

1 cucchiaio di strutto (grasso di maiale)

2 peperoncini rossi piccanti

600gr di pane di casa raffermo

Sale quanto basta

Alloro

Origano

70gr di pecorino

Metodo di preparazione:

Lessare in acqua salata le interiora di vitello, la pancia e la trippa. Quando l'acqua è evaporata e la carne si è asciugata del tutto, tagliare la trippa a striscioline e il resto a pezzettini. Tagliare le cipolline in quarti e metterle in un tegame con la trippa, il sale, la sugna (strutto), il pomodoro, l'alloro e l'origano e coprirli con acqua. Cuocere con un coperchio per un'ora circa.

Affettare il pane, tostarlo, strofinarlo con il peperoncino piccante e metterlo sul fondo di una casseruola. Versarci sopra la zuppa ancora bollente e servire con del pecorino grattugiato.

Cosenza

Cosenza, detta anche la città dei Bruti da quando nel 600 A.C. i Brettii si erano insediati sul colle Pancrazio, è la città più antica della Calabria e, infatti, era anche chiamata L'Atene della Calabria.

La città è circondata da sette colli e bagnata da due fiumi. Fin dall'antichità era risaputo che il legname più pregiato si trovava sulla Sila di Cosenza. I Romani si recavano proprio su queste montagne a raccogliere il legno per costruire le loro navi.

Cosenza vide tanti colonizzatori: i greci, i romani, i bizantini, i longobardi e perfino i piemontesi, solo per citarne alcuni. Cosenza è inoltre famosa per essere stata la culla di filosofi, letterati, artisti e scienziati.

Il piatto tipico cosentino è la Sardella: un composto di novellame di sarda detta Nannata che va leggermente salata, poi messa sott'olio con l'aggiunta di peperoncino e finocchietto. Questo piatto viene anche chiamato "caviale del sud", "caviale dei poveri", Rosamarina o Nudicella.

Sardella

Ingredienti:

500 gr circa di novellame di sarda

Abbondante paprika rossa dolce

Un cucchiaino di peperoncino in polvere

Fiore di finocchio selvatico

Olio, Sale

Preparazione:

Amalgamare tutti gli ingredienti fino a ottenere un composto cremoso.

Rosette di Sardella

Ingredienti per l'impasto:

½ kg di farina , 10 gr di lievito di birra

Acqua tiepida (salata) quanto basta

Sardella già pronta

Preparazione delle rosette:

Disporre la farina a fontana,cioè lasciando un buco nel centro. Versare nel centro l'acqua salata e il lievito di birra già sciolto.

Impastare e aggiungere dell'altra acqua se ce ne fosse bisogno.

Quando l'impasto è pronto lasciarlo riposare fino a quando è raddoppiato in volume.

Spianare l'impasto dandogli una forma quadrata, spalmarci sopra la sardella e arrotolare.

Tagliare a fette e porre le rosette su una teglia da forno. Lasciare riposare per 20 minuti e poi cuocerle nel forno preriscaldato a 180c per 30 minuti.

Crotone

Una delle città più importanti della Magna Grecia era Kroton, oggi giorno Crotone. Era famosa non soltanto per la sua ricchezza, ma per le scuole filosofiche, la marina di Capo Rizzuto e le belle donne.

Per lungo tempo la gente di Crotone visse in pace, ma verso la metà del VI secolo A.C. iniziarono le discordie tra Kroton (Crotone) e Locri. Ci fu una Guerra lunga ben dieci anni e, con Sparta al suo fianco, Locri ne uscì vincitrice.

La scienza della medicina fu fondata a Crotone da Alcmeone, e uno dei più grandi medici fu Democede, amico di Pitagora. La storia narra che quando Pitagora si trasferì a Crotone fu ospite di Democede e qui fondò le scuole di scienza, matematica e musica grazie ai manoscritti orientali del Tibet che aveva portato con sé. Un piatto tipico Crotonese è U Cuadraru, una zuppa di pesce piccante.

U Cuadraru

Ingredienti:

2 chili di pesce

(un mix di scorfano, triglia, cozze e gamberi)

1 cipolla

2 spicchi d'aglio

1 mazzetto di alga

1 mazzetto di prezzemolo tritato

400grammi di pomodori pelati o a cubetti

1 bicchierino di olio

3 peperoncini piccanti

Sale

Pepe nero

Metodo di preparazione:

In una teglia preferibilmente di terracotta riscaldare l'olio e soffriggere la cipolla tritata e l'aglio a pezzettini. Quando diventano di un bel colore dorato aggiungere i pomodori, l'alga, metà del prezzemolo e i peperoncini tagliati finemente. Quando il brodetto è quasi pronto aggiungere il pesce, il sale e il pepe e far cuocere fino a quando il pesce sia ben tenero. Quando la zuppa è pronta cospargere con il resto del prezzemolo. Servire con del pane fatto in casa.

Vibo Valentia

Vibo Valentia si trova sulla costa degli Dei ed è situata su un magnifico belvedere, da dove nelle giornate più limpide si vede la cima dell'Etna. Grazie alla bellezza delle spiagge bagnate dal Mar Tirreno, Vibo Valentia si è meritata il nome di giardino sul mare, ed è una delle città più amate dai turisti.

Il nome Vibo Valentia fu dato dai romani, e a quei tempi Cicerone fu così colpito da questa città che la ricordò nelle sue lettere. La città fu importante anche politicamente per i romani, infatti ospitò Giulio Cesare e Ottavio.

La zona di Vibo Valentia è nota anche per le rinomate cipolle rosse di Tropea e per la famosa Nduja di Spilinga.

La Nduja è un salame piccante e prelibato fatto con la carne di maiale e conosciuto in tutto il mondo. E` un salame che si gusta spalmandolo sul pane, come antipasto, oppure sulla pizza, nel sugo per gli spaghetti, o con i fagioli.

Nduja

Ingredienti e preparazione:

Lardello, guanciale e pancetta.

Macinare tutto e poi aggiungere il peperoncino rosso secco macinato.

Per ogni 2 chili di carne si mescola 1 chilo di peperoncino e 800grammi di sale.

Macinare ancora fino a ottenere una pasta di consistenza cremosa.

Mettere l'impasto in un budello chiamato "L'Orba", schiacciare dando una forma appiattita e appendere in un luogo fresco e asciutto, lasciando stagionare per circa 70 giorni.

Penne alla nduja

Ingredienti per 4 persone:

500 grammi di penne

1 peperone giallo tagliato a dadini

1 cipolla rossa di tropea tritata

1 bicchiere di vino bianco secco

1 scatola di pomodori pelati

Un pizzico di zucchero

250 grammi di nduja

Pecorino grattugiato

Olio, Sale

Metodo di preparazione:

In una padella scaldare l'olio, e far dorare il peperone e la cipolla.

Aggiungere la nduja, far cuocere per qualche minuto e poi aggiungere il vino bianco e lasciar sfumare.

Aggiungere il pomodoro, lo zucchero e abbassare la fiamma lasciando cuocere, mescolando di tanto in tanto, per un quarto d'ora.

Nel frattempo cuocere le penne, e scolarle al dente.

Versare le penne nella padella del sugo e saltare un po', aggiungendo il pecorino grattugiato.

Oggi Sposi

"Chine tene a mugliera bedda sempre canta."

"Chi ha la moglie bella è sempre allegro."

Uno dei giorni più importanti nella vita dei calabresi è il giorno in cui un figlio o una figlia si sposa. Anche in passato si risparmiava per anni affinché che quel giorno fosse speciale e non si dovesse badare a spese.

Tutto iniziava la sera prima del matrimonio, quando il fidanzato faceva la serenata alla futura sposa, cantando per lei sotto alla finestra della sua camera. Il giorno dopo la sposa vestita di bianco si recava in chiesa al braccio del padre per incontrare il suo futuro marito. Le damigelle camminavano davanti a loro portando gli anelli e il corteo nuziale li seguiva.

Una volta terminato il rito in chiesa, si avviavano tutti verso la sala per il banchetto, che il più delle volte era una piccola saletta dove la famiglia aveva già preparato il cibo. L'usanza dettava che il padre della sposa gettasse per aria delle monetine e dei confetti che i bambini correvano in strada a raccogliere, mentre gli invitati lanciavano manciate di riso agli sposi augurando loro un felice avvenire. La festa vera e propria iniziava con il pranzo di matrimonio, ovvero "Maccarruni cu sucu i carni i crapa" e vino in quantità.

Maccarruni cu sucui crapa

Maccheroni con sugo di capra

Ingredienti per il sugo:

1 cipolla

1 litro di salsa di pomodoro

1 chilo di carne di capra

2 cucchiai d'olio d'oliva

Sale, ½ bicchiere di vino,

1 foglia d'alloro

Metodo di preparazione del sugo:

Friggere la cipolla con l'olio fino a quando è ben dorata. Aggiungere la carne. Una volta dorata aggiungere il vino e lasciare cuocere fino a che il vino sia completamente evaporato. Aggiungere l'alloro, il pomodoro e il sale e lasciar cuocere a fuoco lento per un minimo di 2 ore.

Ingredienti per i maccheroni:

500 grammi di farina

5 uova

Olio

Sale

Metodo di preparazione dei maccheroni:

In una terrina, versare la farina a fontana, cioè lasciando un buco al centro. Nel buco versare le uova, il sale e l'olio. Sbattere con una forchetta e quando le uova, il sale e l'olio hanno formato un impasto omogeneo, iniziare a unire la farina poco alla volta con le mani, amalgamandola bene per ottenere un impasto morbido.

Iniziare a formare dei cordoncini di circa 12 cm di lunghezza e 1cm di circonferenza, girarli intorno a un piccolo bastoncino di 10mm oppure a un ago da maglia, passarli delicatamente sulla farina, sfilarli e lasciarli asciugare su un tovagliolo.

Far bollire l'acqua in una pentola, aggiungere il sale e un cucchiaio d'olio e buttare i maccheroni nell'acqua bollente. Cuocere per il tempo desiderato.

Pasqua

La Pasqua è tempo di riti e usanze per i Calabresi, che in questa settimana santa celebrano gli eventi degli ultimi giorni della vita di Gesù: dalla passione, alla morte, alla resurrezione.

É tradizione iniziare i preparativi per questa festa, lasciando che l'odore dei dolci impregni tutta la casa.

Sgute

Ingredienti:

1kg di farina, 50g di lievito di birra, 500g di zucchero

2 tazze di olio

1 bicchiere di anice, La scorza grattugiata di un limone

24 uova, 2 pizzichi di sale

Metodo di preparazione:

Disporre la farina a fontana, lasciando un buco al centro. Mescolare il lievito con un pochino di acqua tiepida, aggiungerla al centro della farina

e mescolarla con poca farina per formare il lievito. Lasciarlo riposare per qualche ora.

Unire le uova, l'anice, lo zucchero, il sale, il limone grattugiato e l'olio.

Lavorare bene l'impasto e poi dargli la forma delle tipiche ciambrelline o delle forme a piacere.

Una delle forme tipiche usate in Calabria è quella di un cestino, dove viene messo un uovo crudo al centro.

Imburrare e infarinare una teglia, metterci sopra le ciambrelle e cuocere in forno a temperatura moderata per circa due ore.

Tiralli

Ingredienti:

500g di farina

1 cucchiaio di semi di finocchio

1 bicchiere di vino bianco

Un pizzico di sale

Metodo di preparazione:

Disporre la farina a fontana, lasciando un buco al centro. Aggiungere l'olio, il sale, i semi di finocchio e il vino. Impastare bene e lasciare l'impasto in un piatto ben coperto per 1 ora.

Formare dei bastoncini di circa 10 cm e chiuderli a forma di "o".

Metterli a bollire dentro una pentola con acqua, appena vengono a galla scolarli e farli asciugare, poi metterli in una teglia imburrata e cuocerli nel forno già caldo a 180gradi per circa 30 minuti.

Natale

Una delle feste più importanti per i Calabresi e' il Santo Natale. Tutto inizia la mattina del 16 dicembre con la Novena. I paesini si svegliano quando e` ancora buio con il suono della musica delle zampogne. Le case sono adornate con gli alberi di natale e i presepi.

Le famiglie si riuniscono intorno alla tavola. Tutti, dai più grandi ai più piccini, godono dei piatti tipici di questa regione.

La vigilia di Natale la tradizione richiede 13 portate e per cena non possono mancare lo stoccafisso e le zeppole.

Il pranzo del giorno dopo invece e` tutto a base di carne. Di solito si preparano i maccheroni ai ferri con sugo di carne e polpette. Sulla tavola non mancano mai il torrone, le pittopie e le susumelle. I bambini in età scolastica scrivono una letterina di Natale al loro papa e la mettono sotto il suo piatto. Alla fine del pranzo ognuno di loro legge la sua letterina ad alta voce, poi i papà regalano loro dei soldi come ringraziamento.

Dopo pranzo e` tradizione che gli uomini giochino a carte, mentre le donne e i bambini giocano a tombola continuando a gustare tante cose buone. Dalle Nacatole ai fiche secchi, dalle noci alle mostacciole e agli nzudi.

Nacatole

Ingredienti:

1kg di farina

1 tazza di zucchero

1 tazza di olio d'oliva

12 uova

Mezza tazza di anice

La scorza di un limone grattugiato

Metodo di preparazione:

Disporre la farina a fontana, lasciando un buco nel centro e metterci dentro le uova sbattute, lo zucchero, l'olio, l'anice e il limone. Impastare fino ad ottenere una pasta densa. Far riposare per 30 minuti.

Lavorare a forma di filoncini di 15 cm, poi intrecciare il filoncino intorno ad un bastoncino di legno e farlo scivolare piano dentro l'olio bollente. Friggere affinché i filoncini sono di un bel colore dorato da entrambi i lati. Asciugarli su carta assorbente e passarli nello zucchero a velo.

Masticcioli

Ingredienti:

500gr di miele

Farina q.b.

4 uova

100gr di mandorle tostate a pezzi

50gr di chiodi di garofano macinati

1 buccia di arancia secca a pezzettini

200gr di zucchero

Metodo di preparazione:

Amalgamare il miele con la farina in quantità. Aggiungere le uova intere, le mandorle, i chiodi di garofano, la buccia di arancia e lo zucchero.

Amalgamare bene il tutto e formare i masticcioli

tagliando la pasta in pezzi rettangolari.

Cuocere per 40 minuti nel formo a media temperatura.

Nzudi

Ingredienti:

500g di farina

500g di mandorle tostate

500g di zucchero

15 g di bicarbonato

Metodo di preparazione:

Aggiungere la farina, lo zucchero, mezzo litro d'acqua e il bicarbonato. Amalgamare bene e poi stendere il composto su una superficie piana e pulita. Ridurre l'impasto fino all'altezza è di 1cm e

stenderlo a forma di D.

Metterlo su una teglia imburrata e cuocere a forno moderato fino a che l'impasto sarà diventato croccante. Togliere dal

forno e tagliare a fette mentre è ancora caldo.

Carnevale

Vènnari, luni e marti Non si pensa all'arti,

ma si pensa allu mangiari ca esti di Carnelevari

Il Venerdi, Lunedi e Martedi, non si pensa al lavoro, ma si pensa al mangiare perche` e` Carnevale

Non tutti lo sanno, ma il Carnevale risale al tempo dei greci e dei romani. Alle origini era una festa pagana, poi nell'epoca cristiana il carnevale fu inserito nel periodo della preparazione alla Quaresima. Il termine Carnevale, in latino *Carnem Levare,* descriveva un grande banchetto di carne che si faceva il martedì, detto Martedì Grasso, e seguito dal Mercoledì delle Ceneri.

Anticamente in Calabria non c'erano tanti divertimenti, e durante i giorni del Carnevale chi poteva si godeva queste giornate spensierate, dimenticando per un breve periodo la serietà della vita di tutti i giorni. La maschera di Giangurgolo è importantissima in Calabria. Il significato del nome è Giovanni Golapiena: un Capitano ingordo che mangia e beve tanto fino a morire. Da qui nasce la tradizione del martedì sera di inscenare un funerale comico per le vie dei paesi con maschere e musica.

Ai giorni nostri, il Carnevale è diventata una festa dove ognuno si preoccupa solo di quale costume e quale maschera indossare. In tempi lontani invece, per i poveri era il giorno dell'anno in cui quasi tutti si potevano permettere di mangiare maccheroni con il ragù e polpette fatte con carne di maiale e come dolce la pignolata. Mentre i bambini oggi si aspettano di trovare caramelle e cioccolatini dietro la porta, un tempo, i bambini che andavano a bussare alle porte dei vicini speravano di ricevere in regalo una polpetta.

Ragù

Ingredienti:

500grammi di carne di maiale

1 chilo di pomodori macinati

Basilico, 1 cipolla

1 bicchiere di vino rosso

Olio quanto basta, Sale e pepe

Metodo di preparazione:

Riscaldare l'olio in una pentola, aggiungere la carne e la cipolla. Quando sono ben dorati aggiungere il vino, il sale e il pepe. Quando il vino si asciuga del tutto, aggiungere il pomodoro. Portare a ebollizione a fiamma alta e aggiungere il basilico, poi abbassare e cucinare per 3 ore aggiungendo un po' d'acqua di tanto in tanto.

Polpette

Ingredienti:

3 spicchi d'aglio tagliati a pezzettini

Prezzemolo tagliato a pezzettini

500grammi di carne di maiale macinata

100grammi di mollica di pane

100grammi di formaggio grattugiato

Sale quanto basta, Pepe macinato

3 uova

Metodo di preparazione:

Versare tutti gli ingredienti insieme in una terrina e amalgamare bene. Se l'impasto sembra troppo duro aggiungere mezzo bicchiere d'acqua.

Lasciare riposare l'impasto per circa 30 minuti e poi formare le polpette dalla circonferenza preferita.

Mettere le polpette nel ragù quasi cotto e cucinarle a fiamma bassa per 20 minuti.

Maccheroni di casa Calabresi

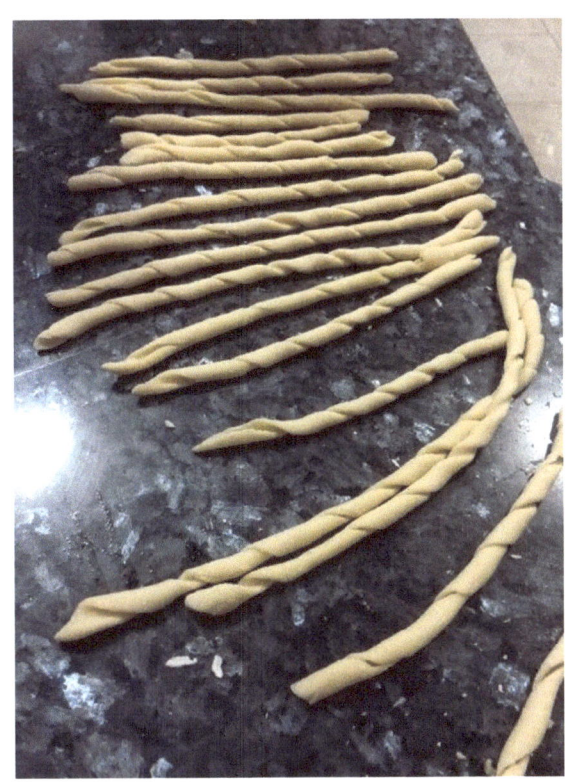

Ingredienti:

1 chilo di farina, 1 uovo,

Poche gocce d'olio, 1 pizzico di sale

1 bicchiere di acqua (anche di più in caso servisse) 1 ferro da maglia sottile

Metodo di preparazione:

Versare la farina a fontana sul tavolo, cioè lasciando un buco al centro. Versare l'acqua tiepida, il sale, l'uovo e l'olio nel buco. Amalgamare bene il tutto e quando l'impasto è pronto farlo riposare per 10 minuti.

Stendere la pasta e fare dei cordoncini di 8 o 10 cm, avvolgerli a spirale intorno al ferro

(prima passare il ferro nella farina affinché la pasta non si attacchi), arrotolarli con tutte e due le mani, poi sfilarli delicatamente e metterli sulla superficie infarinata.

Cuocerli nell'acqua bollente con sale e un goccio di olio.

La pignolata Calabrese

Ingredienti:

300 grammi di farina

3 uova

100 grammi di zucchero

1 bicchierino di liquore Strega

30 grammi di burro

500 grammi di miele

Latte quanto basta

1 bustina di vaniglia

La buccia di un limone

Olio per friggere quanto basta

Zucchero a velo

Metodo di preparazione:

Versare la farina a fontana, cioè lasciando un buco al centro. Aggiungere lo zucchero, le uova, la vaniglia, il liquore e il burro sciolto nel buco. Mescolare fino a ottenere un impasto omogeneo.

Coprire e lasciare riposare per 30 minuti. Quando l'impasto è pronto, formare degli gnocchetti e metterli su una superficie infarinata.

Friggere gli gnocchetti nell'olio caldo e toglierli quando sono di un bel colore dorato, scolarli e farli asciugare su della carta assorbente.

In un pentolino sciogliere il miele con la scorza di limone. Versarvi dentro gli gnocchetti e mescolare delicatamente. Sistemare gli gnocchetti su un piatto formando una piramide e spolverare con lo zucchero a velo.

La Ginestra

Figlia nta li fasci, lanzoli nte casci

Figlia in fasce, corredo nei bauli

Una volta, avere un corredo di lino e cotone voleva dire essere ricchi. Ogni sposa si meritava però un corredo come dote. Le ragazze delle famiglie più povere dovevano provvedere al corredo in maniera diversa. L'unico modo che avevano per potersi permettere un corredo era quello di procurarsi la ginestra.

In pieno Luglio, quando la ginestra era matura, le donne andavano a tagliarla. Più ne tagliavano, più materiale avrebbero avuto per creare il loro corredo. E a quei tempi, la quantità era più importante della qualità. Lenzuola e coperte erano fatte di ginestra.

Giusy Caporetto

Si sapeva anche allora che questo materiale in inverno non riscaldava abbastanza, ma era la sola cosa che si potevano permettere.

Preparare la ginestra era un compito molto faticoso. Dopo aver tagliato i rami, le donne li portavano al fiume, sceglievano i rami migliori, li legavano a mazzetti e dopo li mettevano

dentro una caldaia di rame, li coprivano con la cenere e li facevano bollire per sette o otto ore.

Una volta raffreddati, le donne tornavano al fiume e li immergevano sott'acqua, coprendoli con delle grandi pietre per tenerli fermi e li lasciavano a bagno per circa otto giorni. A questo punto, le donne dovevano strofinare i rami sulla sabbia per togliere la viscosità che si era formata, per poi provvedere al risciacquo e alla scorticazione affinché la ginestra fosse ridotta in filamenti.

Questi filamenti erano pestati su delle rocce con una mazza di legno, poi si rimettevano nel fiume per il risciacquo e poi si lasciavano al sole ad asciugare. Quando i fili erano pronti, si passava alla cardatura, spazzolandoli con dei pettini fatti di cardo, e finalmente si passava alla fase finale: la filatura. Il materiale ottenuto era diviso in due parti, quello pregiato e quello grezzo.

Quello grezzo si usava per confezionare indumenti, mentre quello più bianco e pregiato si usava per il corredo delle spose. Chi poteva permettersi di affittare un grande telaio potava lavorare la stoppa in modo più facile, altrimenti si doveva usare il fuso a mano.

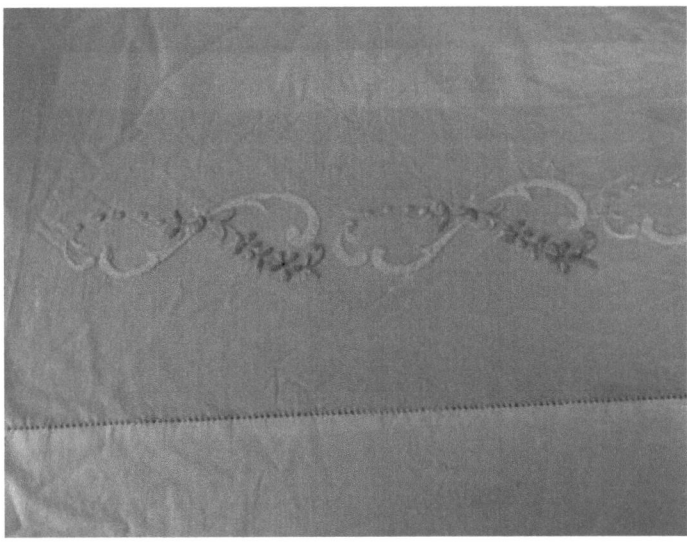

I Panari

In Calabria, è ancora utilizzato uno dei metodi artigianali più antichi per creare cesti di vimini, che in dialetto sono chiamati "i Panari."

Il procedimento è molto lungo. S'inizia con il taglio delle canne a gennaio, che si lasciano seccare fino all'estate. Una volta seccate, si tagliano a strisce sottili.

Il prossimo compito è quello di raccogliere la verga, che si usa per intrecciare le canne per fare i panari. Seguendo la preparazione tradizionale, tutto il materiale è poi messo a bagno in acqua per due giorni. La prima cosa che si prepara è il fondo, creato con dei bastoncini di castagno e della verga.

Poi s'inizia l'intrecciatura delle canne, sempre legate con la verga.

Gli artigiani preparano diverse forme di panari;dal panaro medio per la raccolta delle olive, ai grandi cesti per la biancheria, che erano usati dalle donne quando andavano al fiume a fare il bucato.

Questo metodo per la preparazione dei panari è usato anche per fare i piccoli cestini per le ricotte fresche. Una volta queste piccole ricottine erano vendute in strada dai venditori ambulanti e l'odore si sentiva in tutto il paese.

Pasta e Ricotta

Ingredienti:

200 grammi di pasta

300 grammi di patate

200 grammi di ricotta di capra

Pepe macinato

1 cipollina tagliata a pezzettini

Una noce di burro

Sale q.b.

Metodo di preparazione:

Bollire l'acqua, salare e buttare le patate tagliate a cubetti insieme alla pasta.

Nel frattempo, scaldare in una padella la noce di burro con il pepe e dopo unire la ricotta e aggiungere qualche cucchiaio d'acqua della pasta.

Scolare la pasta e le patate e passarle in padella con la ricotta per qualche minuto.

Guarnire con la cipollina e servire caldo.

Il sapone e il compito del bucato

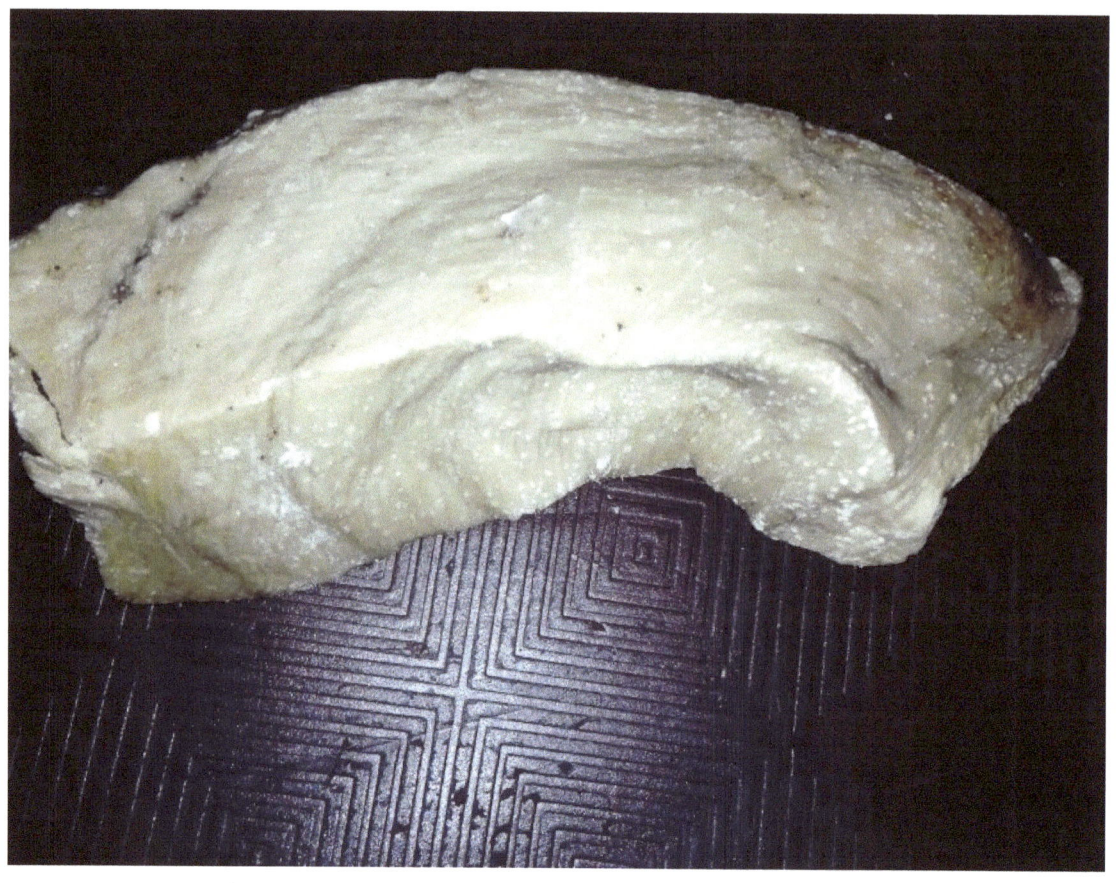

Un tempo, fare il bucato era un compito molto faticoso. Il più delle volte, infatti, le vicine si aiutavano a vicenda. Tutte insieme portavano la biancheria al fiume, in un punto dove l'acqua era profonda.

Le donne, inginocchio e con un pezzo di sapone fatto in casa, iniziavano a insaponare il bucato su una grossa pietra. Una volta insaponato lo riportavano a casa per iniziare l'operazione della cenere, che praticamente era il detersivo e la candeggina del tempo. La biancheria era messa dentro una conca e poi ricoperta di cenere. Sopra si versava l'acqua calda.

Quest'operazione era ripetuta molte volte. Poi il bucato si lasciava raffreddare fino al giorno seguente, quando le donne lo riportavano al fiume per il risciacquo e poi lo stendevano al sole per l'asciugatura.

Non si sa di preciso quanto tempo fa ebbe inizio l'arte di fare il sapone, ma è risaputo che la ricetta usata è antichissima e che tutt'ora molti Calabresi nel mondo continuano a farlo. Nei tempi antichi, durante l'anno si teneva da parte l'olio usato per la frittura, così come dopo il rito del maiale si serbavano i grassi non utilizzati.

Di solito il sapone si faceva in campagna all'aria aperta. Si accendeva un bel fuoco e su un treppiede si collocava una caldaia di stagno (*caddara*). Dentro la caldaia era versato l'olio, i grassi di maiale e l'acqua. Poi si aggiungeva della soda caustica e si portava la mistura a ebollizione, mescolando di tanto in tanto. Quando il sapone si era solidificato ed era pronto, si capovolgeva la caldaia, e si buttava il sapone ottenuto per terra, per poi tagliarlo a pezzettini pronti per l'uso. Non tutte le donne preparavano il sapone casereccio, e quindi c'era il venditore di sapone (*U Sapunaru*)che lo vendeva alle massaie.

Il Carbone

Focu e fiumara aundi pigghia a leva para

Fuoco e fiume spazzano via tutto

Nella Calabria di un tempo, la vita non era facile come al giorno d'oggi e chi aveva un pezzo di terra era avvantaggiato per vari motivi. Poteva mangiare frutta e verdura in quantità e chi possedeva anche un oliveto poteva produrre l'olio. Un altro vantaggio era la legna che si poteva raccogliere, dai tronchi buttati giù dal vento ai rami tagliati nella stagione della potatura. Questi si ammucchiavano fino a che se n'erano raccolti abbastanza per poter fare il carbone "u carbuni," per potersi riscaldare in inverno.

La preparazione del carbone non era facile e ci voleva un bel po' di tempo. Prima di tutto si doveva spianare il terreno nella forma di un cerchio, scavando abbastanza terra per creare un livello al di sotto della superficie.

Poi, si conficcavano tre pali per terra e si chiudevano con un cerchio per reggere la legna, formando una specie di Tipi indiano.

Per prima si mettevano tutti i pezzi di legno e sopra i rami e le foglie secche. Infine il tutto era ricoperto usando la terra scavata in precedenza, formando una catasta a forma di piramide.

Di lato si facevano dei buchi per far uscire il fumo e far entrare l'aria. Il fuoco si accendeva in modo particolare affinché le fiamme bruciassero in alto e poi ritornassero in basso, consumando l'intera piramide.

Il fuoco era tenuto acceso per molti giorni, fino a quando non si fosse formato il carbone.

Quando finalmente l'incendio si era consumato e la catasta era fredda, si toglieva via la terra con un rastrello e si metteva il carbone dentro i sacchi.

Il Bergamotto

Importato dai lontani Caraibi da Cristoforo Colombo, il Bergamotto è il tesoro Calabrese conosciuto dappertutto nel mondo. Si distingue facilmente dal resto degli agrumi.

È fatto a forma di pera e il suo profumo è inconfondibile. Non si sa con precisione, ma si pensa che questo frutto sia il risultato di un innesto tra un albero di arancia amara e un limone.

Nel 1750, Nicola Parisi di Reggio Calabria fu il primo a creare una piantagione intensiva di alberi di bergamotto. L'essenza si estraeva dalla scorza del Bergamotto, facendola assorbire per pressione manuale da spugne naturali.

Nel 1844, Nicola Barillà di Reggio Calabria inventò una macchina, che fu denominata macchina calabrese, con la quale dalla buccia del bergamotto si potevano estrarre maggiori quantità di olio essenziale di ottima qualità e in minor tempo. Fu così che la Calabria con il suo bergamotto entrò nella prima vera fase industriale.

Ci sono altre parti del mondo dove si coltiva il bergamotto, ma in nessun altro posto si riesce ad ottenere un prodotto di qualità come quello della terra della Calabria.

L'olio di bergamotto è basilare, ma non si usa soltanto la scorza di questo frutto, bensì tutto, dalla polpa ai fiori.

Il risultato sono tantissimi prodotti che variano da profumi a lozioni, da sali da bagno a farmaci, da prodotti dermatologici a liquori, solo per

fare alcuni esempi.

Marmellata di Bergamotto

Ingredienti:

1 chilo di bergamotti

600grammi di zucchero

Metodo di preparazione:

Sbuciare i bergamotti e frullarli fino a ottenere un composto denso. Aggiungere lo zucchero poco alla volta. Mettere tutto in una pentola e cuocere per 30 minuti.

Quando la marmellata è ancora tiepida versarla in vasetti e chiuderli.

Il pane: origine e tradizione

Menti pani e denti ca fami si risenti

Metti pane tra i denti perche` hai fame

Non è chiaro quando nella storia dell'umanità s'iniziò a fare il pane, ma esistono documenti che farebbero risalire l'invenzione del pane all'epoca del Paleolitico. Si crede che il primo cereale utilizzato per fare il pane sia stato l'orzo.

Si dice anche che la scoperta del lievito sia stata accidentale. La leggenda narra che probabilmente avvenne dopo aver dimenticato un impasto di farina e acqua, magari in qualche angolo buio e umido. L'impasto fermentò, gonfiandosi e acquisendo un sapore acido. Dovendolo usare lo stesso per mancanza di altro, ci si rese conto che il pane risultò più soffice e gustoso.

Così nacque il lievito madre, che per secoli e secoli le massaie conservarono gelosamente per il loro prossimo impasto.

La tradizione popolare racconta che era importante che chi preparava l'impasto per fare il pane, si assicurasse che nessuno potesse gettarvi il malocchio, così che la lievitazione del pane fosse normale e il pane cuocesse bene.

Inoltre, il pane in tavola non doveva mai essere capovolto, altrimenti gli angeli che erano lì intorno sarebbero volati via. Anche ai giorni nostri, alcuni credono ancora che servire il pane capovolto sia un segno di maleducazione.

Ricetta del pane

Ingredienti:

1/2 litro d'acqua

1/2 chilo di farina di grano duro

1/2 chilo di farina tipo 0

25 grammi di lievito di birra

2 cucchiaini di sale

Il lievito madre

Sciogliere il lievito e sale in acqua tiepida.

Versare la farina di grano duro a poco a poco e mescolare con una forchetta fino a che l'impasto sia diventato una crema.

Ricoprire l'impasto con un tovagliolo e lasciarlo riposare per mezz'ora circa.

L'impasto ottenuto dovrebbe essere raddoppiato di volume.

L'impasto del pane

Aggiungere la farina tipo 0 e continuare a mescolare con una forchetta, a questo punto l'impasto si sgonfierà, ma è esattamente quello che deve succedere.

Lavorare l'impasto per 15 minuti circa, e allo stesso tempo assicurarsi che l'impasto sia umido. Non si deve asciugare troppo. Aggiungere farina se l'impasto risulta troppo appiccicoso.

Quando l'impasto è pronto, infarinare una teglia e formare una pagnotta di forma rotonda.

Con un coltello, disegnare una croce sulla superficie della pagnotta e lasciar riposare per 1 ora e mezza, coperta da un tovagliolo.

Il forno

Preriscaldare il forno a 200c e infornare la pagnotta per 30 minuti, senza mai aprire lo sportello del forno.

Abbassare la temperatura a 180c e cuocere per altri 30 minuti.

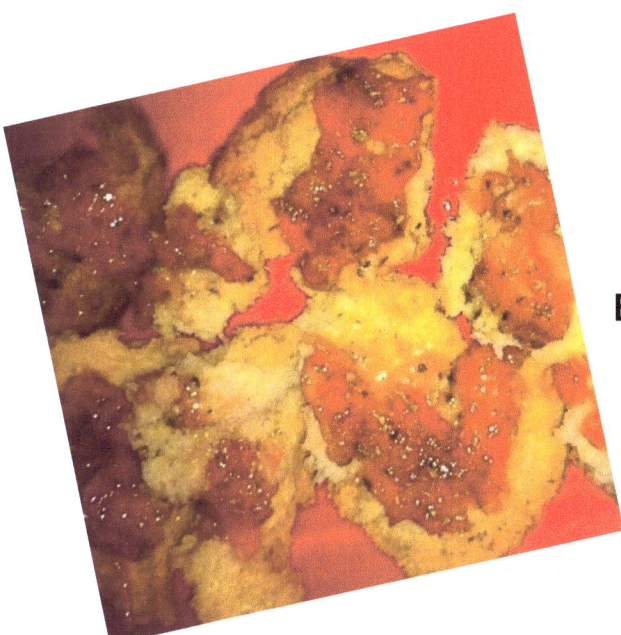

Biscotti per bruschetta (Viscottedi)

Usare esattamente la stessa ricetta del pane e lo stesso metodo di preparazione.

Dividere l'impasto a forma di filoni e cuocerli nel forno a 200c per 30 minuti senza aprire lo sportello.

Abbassare il forno a 150c e cuocere i biscotti per 2 ore circa.

Lasciateli raffreddare dentro il forno.

Per conservarli metterli in un contenitore di plastica.

Bruschetta (Viscottedi nmojati)

Ingredienti:

2 o 3 biscotti di bruschetta bagnati con pochissima acqua

Olio quanto basta

5 foglie di basilico

Un cucchiaio d'origano

Un pizzico di sale

2 pomodori maturi

Metodo di preparazione:

Mettere i biscotti in un piatto

Versare sopra i pomodori e basilico tagliati a pezzettini piccolissimi, poi il sale, l'origano e per finire l'olio.

Pane Cotto

Ingredienti:

500grammi di pane raffermo

4 foglie d'alloro

100grammi di formaggio grattugiato

Olio in quantità

2 pizzichi di sale

Metodo di preparazione:

Tagliare il pane a pezzettini e metterlo in una pentola.

Ricoprirlo d'acqua. Aggiungere sale e olio.

Portarlo a ebollizione e farlo cuocere per circa mezz'ora a fuoco lento.

Condire con il formaggio grattugiato.

Pitta con le Frittole

Ingredienti:

350grammi di pasta di pane

1 uovo

Un pizzico di sale

Pepe

200grammi di frittole

Metodo di preparazione:

Aggiungere l'uovo, il sale e il pepe alla pasta.

Lavorare bene fino a quando diventerà elastica e non si attaccherà più.

Dare all'impasto la forma di una palla e lasciarla lievitare per 10 minuti circa, coprendola con un tovagliolo. Ungere una teglia da forno di olio e infarinarla.

Stendere la pasta di una lunghezza doppia della teglia. Posarla dentro la teglia, lasciando la metà più lunga fuori ma senza tagliarla.

Aggiungere le frittole sopra la pasta nella teglia e piegare la pasta in eccesso chiudendo il tutto.

Cuocere nel forno a 150 per 30 minuti.

Pitta di Ricotta

Ingredienti:

350grammi di pasta di pane

2 uova, 2 cucchiai d'olio

Un pizzico di sale

100grammi di soppressata

150grammi di caciocavallo

100grammi di ricotta

Metodo di preparazione:

Aggiungere l'uovo, il sale e il pepe alla pasta.

Lavorare bene fino a quando diventerà elastica e non si attaccherà più.

Dare all'impasto la forma di una palla e lasciarla lievitare per 10 minuti circa, coprendola con un tovagliolo.

Ungere una teglia da forno di olio e infarinarla.

Stendere la pasta di una lunghezza doppia della teglia.

Posarla dentro la teglia, lasciando la metà più lunga fuori ma senza tagliarla.

Aggiungere il caciocavallo, la soppressata e la ricotta sopra la pasta nella teglia e piegare la pasta in eccesso chiudendo il tutto.

Cuocere nel forno a 150 per 30 minuti.

Pitta Pizzuliata

Ingredienti:

350grammi di pasta di pane

2 uova

Aglio

Un peperoncino rosso tagliato a pezzettini

Sale

Olio

200grammi di pomodori pelati

100grammi di formaggio pecorino

Metodo di preparazione:

Aggiungere l'uovo, il sale e il pepe alla pasta.

Lavorare bene fino a quando diventerà elastica e non si attaccherà più.

Dare all'impasto la forma di una palla e lasciarla lievitare per 10 minuti circa, coprendola con un tovagliolo.

Ungere una teglia da forno di olio e infarinarla. Stendere la pasta.

Aggiungere i pomodori senza semi e sgocciolati, il peperoncino, il sale e spolverare con il formaggio.

Cuocere nel forno a 150c per 40 minuti.

Pitta di verdure di Nonna Melina

Ingredienti:

350grammi di pasta di pane

2 uova, Aglio

500grammi di verdure cotte

Un peperoncino rosso tagliato a pezzettini

Sale, Olio,1 uovo

200grammi di pomodori pelati

100grammi di formaggio pecorino

50grammi di olive nere tagliate a pezzettini

Metodo di preparazione:

Aggiungere l'uovo, il sale e il pepe alla pasta.

Lavorare bene fino a quando diventerà elastica e non si attaccherà più.

Dare all'impasto la forma di una palla e lasciarla lievitare per 10 minuti circa, coprendola con un tovagliolo.

Ungere una teglia da forno di olio e infarinarla.

Stendere la pasta di una lunghezza doppia della teglia.

Posarla dentro la teglia, lasciando la metà più lunga fuori ma senza tagliarla.

Friggere in una padella l'olio, l'aglio e il peperoncino, quando è ben rosolato aggiungere le verdure e cuocere per 5 minuti. Aggiungere i pomodori e cuocere per altri 10 minuti.

In una terrina, mescolare le verdure e i pomodori tiepidi o freddi, il formaggio e le olive.

Sistemare il composto ottenuto sopra la pasta nella teglia e piegare la pasta in eccesso chiudendo il tutto.

Cuocere nel forno a 150c per 30 minuti.

Il Vino e la sua storia

"Pani finu a chi dura, vinu a misura."

Pane in quantità, vino a misura.

La leggenda narra che viaggiando verso Nasso, il giovane Bacco vide una strana pianta, la sradico' e decise di portarla con sé. Per conservarla la mise dentro ad un osso d'uccello. Dopo tanti giorni la pianta crebbe, così Bacco la tolse dall'osso di uccello e la piantò dentro la tibia di leone. Passarono i giorni e la pianta crebbe così tanto che Bacco la dovette piantare nella mascella di un asino.

Quando Bacco arrivò a Nasso, piantò la pianta ormai grande nel terreno. La curò e ben presto nacquero dei grappoli d'uva, che Bacco tagliò e spremette. Fu così che ottenne un dolcissimo vino.

Questa leggenda ci fa capire che effetto ha il

vino sull'essere umano. Se una persona ne beve poco si sente leggero come un uccello, se ne beve ancora si sente forte e invincibile come un leone, ma se ne beve troppo diventa ostinato e puntiglioso cone un asino.

Quando i Greci sbarcarono in Calabria riconobbero subito questo territorio come terra fertile e adatta alla produzione del vino, quindi le diedero il nome Enotria, cioè terra fertile.

Nei tempi antichi chi si poteva permettere un piccolo vigneto sapeva di poter bere vino per tutto l'anno. Tutt'ora in Calabria, chi ha il tempo e lo spazio per fare il vino usa ancoragli stessi metodi

di una volta.

Prima di tutto si raccoglie l'uva. La raccolta viene detta la vendemmia. Non bisogna mai raccogliere l'uva se è bagnata dalla pioggia o dalla troppa rugiada. Una volta raccolta o comprata, gli acini d'uva sono separati dai raspi.

Anticamente, si doveva fare tutto a mano, e con i piedi. Infatti i chicchi d'uva si mettevano dentro ad una vasta e con i piedi si schiacciava fino ad ottenere il mosto, che dopo era messo dentro ad una botte a fermentare per quattro o cinque giorni, coperto soltanto con un telo.

A questo punto si assaggiava il mosto e se invece di essere dolce era alcolico era pronto per il torchio. Dopo di che si travasava dentro una damigiana o una botte. In Calabria la tradizione dettava di bere il primo vino l'11 Novembre, il giorno di San Martino.

Panzerotti con ripieno al mosto cotto

Ingredienti:

Farina quanto basta

300 gr di zucchero

12 uova

300 gr di sugna

Mollica di pane

100 gr di mandorle tostate

Cacao amaro

Caffè ristretto

Scorza di arancia e di limone a pezzettini

Mosto cotto quanto basta

Metodo di preparazione:

Setacciare la farina su un tagliere aggiungere le uova, lo zucchero e la sugna. Impastare il tutto.

Stendere la sfoglia, tagliarla a forma di dischi da riempire con il composto ottenuto dal mosto cotto amalgamato con mollica di pane, mandorle tostate, cacao amaro, scorza di limone e arancia, caffè ristretto.

Infornare ad una temperatura di circa 180° per circa 20 minuti.

Nepitelle

Per la festività del Natale, nei pressi di Catanzaro e di Crotone si faceva questo dolce tipico chiamato Nepitejie, che ha la forma di un occhio chiuso.

Ingredienti per la pasta:

500 gr di farina

150 gr di burro

150gr di zucchero

3 uova

1 bustina di lievito

Ingredienti per il ripieno:

200 gr di noci

200 gr di mandorle

150 gr di fichi secchi

150 grdi uvetta passa

la scorza grattugiata di 2 arance

100 gr di cioccolato fondente amaro

30 gr di cacao amaro in polvere

2 cucchiaini di cannella in polvere

1/2 cucchiaino di chiodi di garofano

200 gr di vino cotto

1 bicchierino di liquore

200 gr di miele

Metodo di preparazione della sfoglia:

Disporre la farina e lo zucchero a fontana, lasciando un buco al centro, dove aggiungere le uova intere, il burro ammorbidito e il lievito. Impastare il tutto fino ad ottenere una pasta liscia. Stendere bene la pasta con il mattarello fino a ridurla ad uno spessore di 2 mm e ricavare dei dischetti di pasta della grandezza di un piattino da caffè.

Metodo di preparazione del ripieno:

Ammorbidire l'uvetta in acqua tiepida e nel frattempo tritare le noci, le mandorle, i fichi e il cioccolato fondente.

In un contenitore versare gli ingredienti tritati, l'uvetta strizzata, e aggiungere il cacao in polvere, le spezie, le scorze di arance grattugiate, un bicchierino di liquore, il vino cotto e il miele, in modo da ottenere un impasto morbido ma consistente.

Spennellare i bordi dei dischetti di pasta con del bianco d'uovo, poi mettere nel centro un po' di ripieno e chiuderli piegando i dischetti su se stessi, formando una mezzaluna. Pressare bene i bordi per chiuderli.

Spennellare le nepitelle così ottenute con del rosso d'uovo, adagiarle su una teglia ricoperta con carta forno, e infornare i dolci a 200° per circa 30 minuti, fino a che acquistano una bella doratura. Una volta sfornati, lasciarli raffreddare.

Il maiale, antica tradizione

"Amaru cu u porcu no mazza, a li travi soi non mpiccia satizzi"

Poverino chi non può permettersi di ammazzare un maiale, dalle sue travi non pendono salsicce.

Anticamente in Calabria, chi poteva permettersi di acquistare un maialino si riteneva molto fortunato. A fine Agosto ci si recava in piazza per poter scegliere il maialino che poi, legato ad una corda, era portato con orgoglio alla "*zimba*" cioè al porcile che era stato già preparato. Il maialino veniva cresciuto con avanzi di cibo, acqua e crusca di grano detta "*canijia*". In estate quando si raccoglieva la frutta il maialino mangiava frutta in quantità, e poi in autunno era nutrito di ghiande. Il maialino era allevato per quasi due anni e arrivava a superare il quintale di peso.

La sua fine arrivava durante il periodo del Carnevale, quando si partecipava al rito del maiale che durava tre giorni ed era una festa di grande importanza per tutta la famiglia.

Tutto iniziava quando era ancora buio. Il primo compito era affidato alle donne, le quali dovevano preparare la *"Caddara"*, il grande pentolone di rame dove pian piano portare l'acqua ad ebollizione. Nel frattempo, nella *"zimba"* gli uomini prendevano il maiale ormai adulto e il capo famiglia lo doveva uccidere. A questo punto le donne raccoglievano il sangue fresco, assicurandosi che non si coagulasse, per poi poter preparare il gustoso sanguinaccio.

Gli uomini usavano l'aqua ormai bollente per pulire il maiale, un compito molto complicato. La parte più

difficile era la macellazione del maiale.

La prima parte che veniva separata dal resto era il guanciale.

Un altro compito delle donne era quello di recuperare gli intestini, che lavavano in acqua e aceto per la preparazione delle salsicce e delle soppressate. Del maiale si usava tutto, tranne le unghie.

I denti, per esempio erano utilizzati per pulire le scarpe piene di terra e fango quando si ritornava dalla campagna.

Per prima cosa si metteva da parte il fegato per friggerlo e alcune costate e pezzi di carne per fare il ragù con gli spaghetti per il pranzo del giorno dopo. Poi la carne per le salsicce e soppressate era sminuzzata e salata, per poi lasciarla riposare fino al giorno dopo. Per le salsicce si usavano e si usano tutt'ora le budella lunghe e sottili, invece per le soppressate quelle corte e larghe.

Il secondo giorno s'iniziavano a riempire le salsicce e le soppressate, un

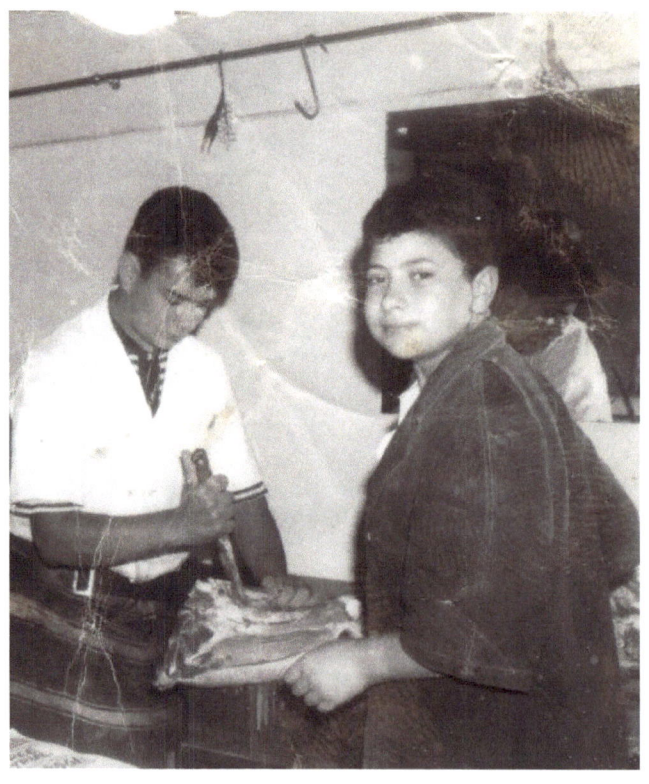

durissimo lavoro, dove ognuno aveva il suo compito. Una volta riempite, si legavano con uno spago e con un ago da cucito e si pungevano sia le salsicce che le soppressate per farle respirare così che non ammuffissero quando si asciugavano.

Dalla spalla del maiale si tagliavano dei pezzi rettangolari per poi fare la piccantissima carne salata, che si appendeva così com'era e diventava gustosissima. Un altro pezzo della spalla era destinata a diventare pancetta, che veniva ricoperta di peperoncino macinato e poi arrotolata su se stessa e legata con dello spago. Il capocollo invece, era un grande pezzo di carne che veniva ricoperto di peperoncino macinato, poi

arrotolato, chiuso con dello spago e poi appeso con tutto il resto. Con le parti meno nobili si faceva la Nduja, utilizzando il budello chiamato "*orbo*" cioè cieco.

Mentre gli uomini continuavano il loro lavoro, le donne andavano a preparare il pranzo per tutti:sugo con carne fresca per gli spaghetti, fegato arrostito, frittata di cervello. Inoltre, non poteva mancare sulla tavola il vino fatto in casa e i peperoncini fritti con melanzane e patate. Così iniziava la festa.

Il terzo e ultimo giorno per prima cosa si preparavano "*i frittuli*", le frittole. Si iniziava foderando a"*caddara*"di cotenna adagiando il grasso verso l'interno del pentolone. Quando il grasso iniziava a sciogliersi si aggiungevano le costine, parte della guancia, la lingua, parte del collo, il muso, le orecchie, i piedi, i rognoni, la pancia e tutti i resti del maiale. Si lasciava bollire piano per sette o otto ore. Quello che rimaneva in fondo alla "*caddara*" *erano* piccoli pezzi di carne, cotenna e sugna che venivano

chiamati "*micciudi*" o "*curcuri*" nei diversi paesi.

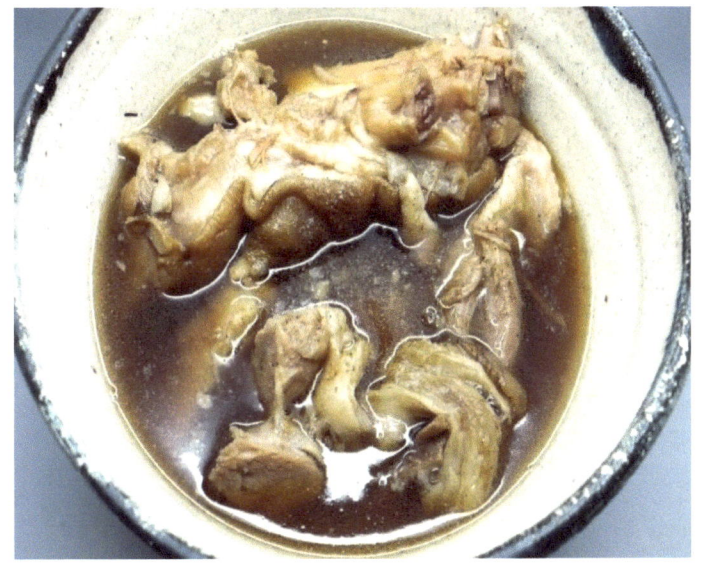

Tutti i parenti e i vicini mangiavano frittole in quantità, poi la donna di casa preparava dei piatti con quelle avanzate e li dava agli ospiti affinché li portassero a casa, come voleva la tradizione.

Grazie alla sugna i "*micciudi*" si conservano durante l'anno e si aveva la possibilità di consumarli in molti modi diversi.

Come si è detto prima, del maiale non si buttava nulla, infatti anche la sugna più grossolana veniva messa via per la produzione del sapone fatto in casa.

Nduja

Ingredienti:

1kg di carne di maiale (pancetta, lardo e carne magra)

300 gr di peperoncini

30 gr di sale

1 budello chiuso chiamato orbo

Metodo di preparazione:

Macinare finemente la carne fino ad ottenere una pasta liscia, poi aggiungere i peperoncini e il sale e continuare a macinare.

Quando tutti gli ingredienti sono ben amalgamati,versare la pasta ottenuta dentro il budello e legare con uno spago.

Lasciarla stagionare per qualche mese.

Spaghetti con la Nduja

Ingredienti:

400gr di spaghetti

70gr di Nduja

800gr di pomodorini

1 cipolla

Sale

Olio

Metodo di preparazione:

Tritare la cipolla, poi tagliare i pomodorini inquarti.

In una padella scaldare l'olio e friggere la cipolla, poi aggiungere i pomodorini e il sale e cucinare per 10 minuti.

Infine aggiungere la Nduja e 1 bicchiere d'acque e cuocere per altri 5 minuti.

Nel frattempo, bollire gli spaghetti in abbondante acqua salata. A cottura ultimata, scolarli e versarli nel sughetto di pomodorini e Nduja, aggiungere un po' di acqua bollente e saltare tutto in padella.

Salsicce fresche con broccoli

Ingredienti:

4 salsicce di fegato di maiale

500gr di broccoli

1 peperoncino piccante

2 spicchi d'aglio

Olio

Metodo di preparazione:

In una pentola far bollire le salsicce per 5 minuti.

Nel frattempo in una padella scaldare l'olio e friggere l'aglio, poi aggiungere i broccoli e il peperoncino fino a cottura ultimata.

Togliere le salsicce dall'acqua e saltarle in padella con poco olio per qualche minuto.

Servire le salsicce con i broccoli come contorno.

Spezzatino con peperoni secchi e patate

Ingredienti:

500 gr di pancetta di maiale tagliata a cubetti

200gr di patate

5 peperoni secchi

1 cipolla, 3 foglie d'alloro

Olio , Sale

Metodo di preparazione:

Tagliare la cipolla a fette e farla imbiondire leggermente nell'olio. Aggiungere la pancetta e farla rosolare bene, poi aggiungere le patate, i peperoni e il sale. Aggiungere un po' d'acqua bollente e cuocere fino a che le patate risulteranno tenere

Sanguinaccio semplice

Ingredienti:

1 budello di maiale

500ml di sangue di maiale

Pepe macinato nero

1 peperoncino piccante macinato

La buccia di un limone grattugiato

4 cucchiai di olio

Metodo di preparazione:

Mescolare al sangue il sale, l'olio, la buccia di limone, il pepe nero e il peperoncino, poi infilare il tutto dentro il budello e lessare per 30 minuti.

Si può mangiare così, o arrostito sulla brace.

Il pomodoro e la sua storia

Grazie a Cristoforo Colombo che importò la pianta del pomodoro dal Peru nel 500 abbiamo la fortuna di gustare piatti saporitissimi. Ma non fu sempre così, per molto tempo il pomodoro fu tenuto soltanto come piñata ornamentale, finché nel 700 alcuni cuochi inventarono delle ricette usando il frutto di questa pianta. Da lì in poi la pianta del pomodoro passò dal giardino all'orto. Essendo una pianta da clima temperato si adatta a qualsiasi tipo di terreno, ma richiede molta acqua.

Nel 1860 Carlo Rognoni di Parma iniziò la coltivazione del pomodoro e anche la ricerca di metodi di conservazione per poter gustare il pomodoro tutto l'anno.

Il primo metodo fu l'essiccazione, ottenuta tagliando i pomodori a metà o a spicchi. Poi si introdusse un altro metodo, che consisteva nel far bollire i pomodori maturi, i quali venivano poi setacciati per eliminare le bucce ed i semi. Uno strato sottile di succo veniva poi esposto al sole per più giorni, fino ad ottenere una pasta che poteva essere utilizzata fuori stagione per condire le minestre. Successivamente, si diffuse la tecnica della preparazione del pomodoro in bottiglia, che consentiva di poterlo conservare per anni.

Nei piccoli paesini della Calabria la salsa veniva realizzata all'aperto nelle campagne, dove veniva acceso un fuoco con la legna sulla quale veniva sistemato un treppiedi per appoggiare un grande pentolone di rame zincato chiamato "*caddara*".

La preparazione dei pomodori in bottiglia in Calabria è tutt'ora un affare di famiglia dove tutti, dai più anziani ai più piccoli, aiutano. Per prima cosa si preparano le bottiglie o i vasi "*buccacci*" che sono lavati e sterilizzati con cura. Il prossimo compito è quello di lavare i pomodori, scegliendoli con attenzione e scartando quelli marci. I pomodori selezionati s'immergono in acqua un'altra volta per un ulteriore risciacquo. Fatto questo, s'inizia la preparazione vera e propria della salsa di bottiglia.

Salsa in bottiglia:

S'inizia tagliando i pomodori a metà e levando tutti i semi e le parti rovinate, poi si versanonella macchinetta per macinarli, ricordando che anticamente tutto questo si faceva a mano. Una volta macinati si mettono in un pentolone di rame zincato detto"a *caddara"* e si mettono a bollire per 15 o 20 minuti, mescolando con un cucchiaio di legno e facendo attenzione che i pomodori non si attacchino al fondo della pentola. Una volta che i pomodori sono cotti,con un imbuto s'inizia a riempire le bottiglie,aggiungendo anche qualche foglia di basilico fresco per insaporire la salsa.

Pomodori a pezzi nei vasetti:

Questo procedimento è facilissimo, basta tagliare i pomodori crudi a pezzi levando i semi esistemarli in dei vasetti con foglie di basilico fresco in quantità. Lasciare almeno 3 cm di spazio vuoto e tappare i vasetti.

Anticamente, mentre si riempivano i vasetti con i pomodori si preparava il treppiedi sulla legna per il fuoco e sopra si sistemava un pentolone chiamato "*caddara*", il fondo del quale si ricopriva con un pezzo di sacco, mentre sopra si sistemavano i vasetti a strati verticali, separando i vari strati con altri pezzi di sacco. Si riempiva poi il pentolone d'acqua, s'accendeva il fuoco e si lasciava cuocere per 1 ora. Si spegneva poi il fuoco e si lasciavano raffreddare i vasetti dentro al pentolone prima di tirarli fuori e conservarli.

Pomodori secchi:

Lavare e tagliare a metà i pomodori, sistemarli su una superficie piana con gli spicchi verso l'alto. Ricoprirli con un panno di mussola ed esporli al sole per alcuni giorni fino a che siano ben essiccati. Per conservare nei vasetti aggiungere delle foglie d'alloro e basilico.

Pomodori secchi sott'olio

Ingredienti:

Pomodori secchi

Sale, Basilico secco

Menta secca, Alloro

Peperoncini secchi

Aglio tritato, Olio d'oliva

Metodo di preparazione:

In una terrina unire ai pomodori secchi il sale, l'aglio, i peperoncini a pezzettini, la menta, il basilico e l'alloro. Sistemare in dei vasetti ermetici e ricoprire d'olio d'oliva.

Pomodori secchi sott'aceto

Ingredienti:

Pomodori

Aceto bianco

Alloro

Timo secco

Sale

Metodo di preparazione:

Bollire l'aceto bianco con il sale e l'alloro, sistemare nei vasetti i pomodori con il timo secco e ricoprirli con l'aceto ormai raffreddato.

Salsa di Pomodoro Rapida

Ingredienti:

1 bottiglia di salsa di pomodoro

Olio

1 cipolla

Sale

Basilico

Acqua quanto basta

Metodo di preparazione:

Friggere la cipolla nell'olio caldo. Quando è ben rosolata, aggiungere il pomodoro, il sale e il basilico. Portare a ebollizione e aggiungere un bicchiere d'acqua. Cuocere per 20 minuti. Si può utilizzare per condire qualsiasi formato di pasta.

Pomodorini a grappoli (Pumadoredi mpicciati)

Ingredienti:

Pomodorini ciliegini in grappoli

Alcuni pezzi di spago per appendere i pomodorini

Metodo di preparazione:

Legare i pezzi di spago e attaccarcii pomodorini. Appenderli in un posto asciutto dove c'è aria. I pomodorini matureranno e saranno ottimi da mangiare d'inverno con peperoncini piccanti secchi e olive fritte.

Il Peperoncino calabrese

La storia narra che il peperoncino ha origini sud americane, anche se non si sa di preciso se fu trovato sulle montagne del Brasile oppure della Bolivia. In ogni caso, fu Cristoforo Colombo che, di ritorno dal suo secondo viaggio nel 1493, portò con sé questa piantina che regalò ai monaci di Spagna. Furono proprio loro i primi a scoprire il sapore piccante di questo piccolo frutto. Si iniziò così a usare il peperoncino in cucina.

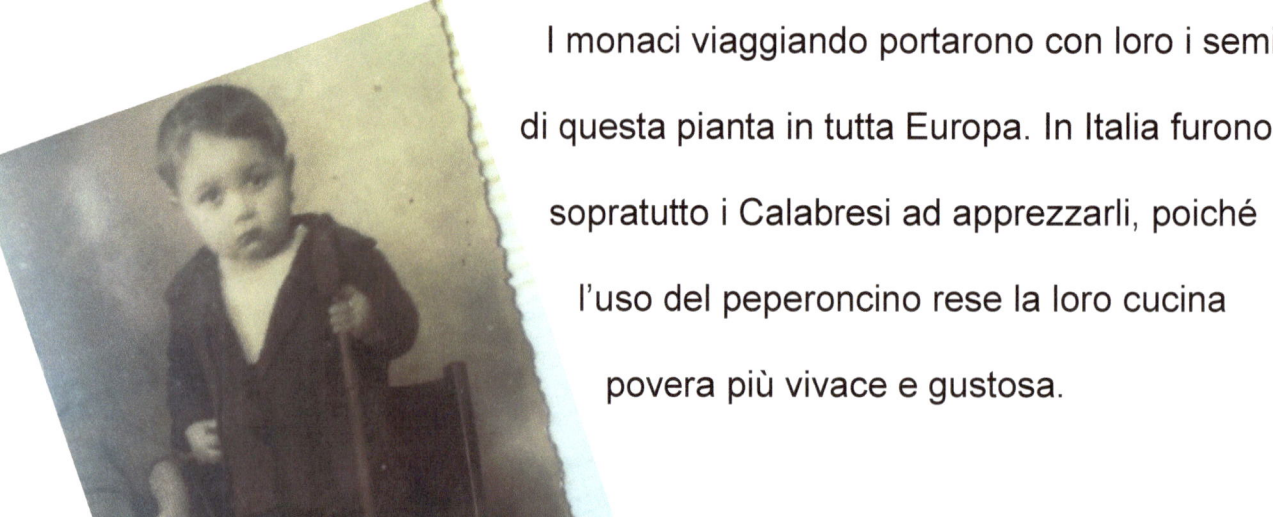

I monaci viaggiando portarono con loro i semi di questa pianta in tutta Europa. In Italia furono sopratutto i Calabresi ad apprezzarli, poiché l'uso del peperoncino rese la loro cucina povera più vivace e gustosa.

Ormai la tradizionale cucina Calabrese richiede il peperoncino, detto l'oro rosso, ed è importante che questo elemento non manchi mai in tavola. Le ricette con il peperoncino sono tantissime, e in ogni casa Calabrese si trova sempre del peperoncino, che sia fresco, sott'olio, o in polvere. I peperoncini si possono usare crudi, bolliti, arrostiti, fritti e conservati con l'olio.

Collane di Peperoncini

Ingredienti:

Peperoncini rossi piccanti in quantità

Ago e filo

Metodo di preparazione:

Con un ago infilare il filo dentro al rametto di ogni peperoncino, quando si hanno peperoncini in quantità chiudere il filo e appendere la collana di peperoncini in un luogo asciutto per farli essiccare.

Spalmata di Peperoncino

Ingredienti:

4 spicchi d'aglio

1/2 bicchiere di olio

300 gr peperoncini

Poco sale

Metodo di preparazione:

Lavare e frullare i peperoncini togliendo i semi (se preferite), insieme all'aglio e al sale fino ad ottenere un bel composto denso.

Quando è pronto versare il composto in un piatto fondo d'acciaio e lasciarlo riposare per 8 ore minimo.

Poi mettere il composto in una terrina e aggiungere olio fino ad ottenere una crema omogenea di un bel colore rosso fuoco.

Mettere la crema di peperoncini in vasetti piccoli e chiuderli con tappi nuovi, poi sterilizzare per trenta minuti in acqua bollente.

Pipi stricatu (pepe macinato)

Ingredienti:

Peperoncini rossi maturi

Semi di finocchio selvatico

Foglie di menta

Basilico secco

Metodo di preparazione:

Tagliare i peperoncini a metà, togliendo i semi. Farli seccare al sole, quando sono ben secchi stenderli su un panno e unire i semi di finocchio, la menta e il basilico. Pestare tutti gli ingredienti con un martello da cucina fino ad ottenere piccoli pezzettini.

Mettere il tutto in un contenitore di terracotta e usare per insaporire i piatti in inverno.

Peperoni Ripieni

Ingredienti:

4 peperoni

8 cucchiai di mollica

Prezzemolo macinato

2 uova

4 cucchiai di pecorino grattugiato

Olive nere snocciolate

Sale, Pepe, Olio

Metodo di preparazione:

Svuotare i peperoni tagliando via il picciolo dalla parte superiore. Lavarli e togliere tutti i semi. Preparare il ripieno mischiando bene tutti gli ingredienti. Quando è pronto, mettere il composto dentro i peperoni.

Adagiare i peperoni in una teglia con acqua dopo averli passati nell'olio e cuocerli in forno per 20 minuti oppure friggerli.

Pepi e patate fritte

Ingredienti:

10 peperoni

5 patate

2 spicchi d'aglio

2 peperoncini piccanti

Olio

Sale

Metodo di preparazione:

Tagliare i peperoni a strisce larghe.

Tagliare anche le patate a strisce e mettere tutto insieme in una padella.

Aggiungere due cucchiai di olio e gli spicchi di aglio interi, i peperoncini e il sale.

Cuocere a fuoco medio per circa 15 minuti girando abbastanza di continuo.

Peperoncini secchi fritti

Ingredienti:

6/8 peperoncini secchi

100gr di olive nere secche

Sale

Olio

Metodo di preparazione:

In una padella, friggere i peperoncini tagliatia pezzi, quando sono quasi pronti aggiungere le olive e salare. Friggere per qualche minute e versare il tutto su un piatto, cospargendo con olio fresco.

E se preferite metteteci una bella salsetta al pomodoro.

L'Ulivo

"Fammi poveru di lignu ca ti fazzu riccu d'ojiu"

"Fammi povero di legno che ti faccio ricco d'olio"

(che significa che attraverso la potatura si darà più forza all'albero d'ulivo affinché possa produrre un'abbondanza di frutti.)

La leggenda narra di una sfida tra il Dio del mare Poseidone e la Dea della saggezza Atena per stabilire chi fra i due avrebbe regalato all'umanità il dono più utile.

Poseidone toccò la terra con il suo tridente e diede vita ad una nuova creatura: il cavallo.

La Dea Atena iniziò ad intonare un canto magico, la sua tenerissima voce fece tremare il suolo e piano piano dal terreno nacque il primo albero d'ulivo. La bellezza dell'albero era nel suo colore verde e nelle sue foglie a forma di lancia. Quest'albero dava un frutto che poteva essere conservato nel tempo, e ciò fece di Atena la vincitrice.

Mentre furono i Greci a portare in Italia le piante d'ulivo, furono i Romani che per primi si cimentarono nella raccolta delle olive, sperimentando metodi per la loro spremitura e la conservazione dell'olio.

La raccolta delle olive inizia in dicembre, ma la preparazione inizia molti mesi prima.

Prendersi cura degli uliveti e` molto importante per ottenere una raccolta soddisfacente ed un buon prodotto. Ecco perché una delle cose basilari da fare è la potatura dei rami secchi, che dona più forza all'albero e permette di ottenere un frutto di migliore qualità.

Nei tempi antichi, la terra veniva divisa in corsie chiamate *rasti.* Una o due donne, spalla a spalla, raccoglievano le olive a mano usando un cestino di canna, u *panaru,* oppure un grembiule a forma di marsupio. Quando il cestino o grembiule era pieno, le donne lo ribaltavano dentro un grande cesto chiamato *cofana*.

Con il passare del tempo iniziarono ad usare i rastrelli per accumulare le olive e un setaccio detto *crivo* per pulire le olive da foglie, sassolini,e terra. Ai giorni nostri i rastrelli ed i setacci sono stati sostituiti dall'uso delle reti. Le olive cadono al loro interno e si possono raccogliere in modo molto più facile che in passato, anche perché in molti usano una macchina chiamata scuotitrice meccanica.

Tutte le olive raccolte si portavano al frantoio,*u trappitu,*e iniziava il processo per ottenere l'olio. La maggior parte veniva venduto ma se ne teneva sempre un po per uso personale.

L'Olio

In Calabria, la produzione dell'olio e` sempre stata la maggior fonte di guadagno. Le olive che si portano al frantoio vengono spremute entro 24 ore dalla raccolta. Ci sono 6 procedimenti importanti per ottenere un olio di prima qualità: il lavaggio, la frangitura, la gramolatura, la spremitura, la separazione e lo stoccaggio.

Il lavaggio delle olive viene effettuato in una vasca, dove l'acqua viene cambiata molte volte. Una volta che le olive sono pulite ed asciutte, si passa alla frangitura dove le olive sono pressate a tutta velocità per ottenere una pasta. La fase successiva è la gramolatura che serve a far unire l'acqua all'olio affinché si trasformino in olio vero. Il processo seguente è la spremitura, dove il tutto viene messo in una centrifuga e si ottengono 3 componenti separati: le acque di vegetazione, l'olio d'oliva e la sansa. Un'ulteriore separazione si ottiene filtrando l'olio d'oliva e le acque di vegetazione. L'ultima fase e' lo stoccaggio, dove l'olio d'oliva viene versato in contenitori e conservato in stanze buie lontano da fonti di calore o di luce.

Olive Ammaccate

Ingredienti:

200gr di olive verdi

2 peperoncini piccanti

2 spicchi d'aglio

100ml olio d'oliva

20gr semi di finocchio

2 cucchiai di sale

Metodo di preparazione:

Schiacciare le olive snocciolarle. Mettere la polpa delle olive in un recipiente capiente a bagno in acqua fredda per 2 giorni, ma avendo cura di cambiare l'acqua 2 volte al giorno.

Il terzo giorno scolare bene l'acqua e condire con l'olio, aggiungere i peperoncini tagliati a pezzettini, l'aglio e i semi di finocchio, infine mescolare tutto con il sale.

Mettere il composto dentro ad un vaso ermetico pressando leggermente e coprire con olio di oliva.

Olive Salate

Ingredienti:

2kg di olive verdi

200g di sale

4 spicchi d'aglio

50g di semi di finocchio

2 cucchiaini di origano

2 peperoncini piccanti

Metodo di preparazione:

Con un coltello fare delle incisioni intorno alle olive, poi lavarle e metterle in un recipiente con acqua calda e coprirle. Lasciarle così per un giorno intero. Poi scolarle, lavarle nuovamente e rimetterle nell'acqua a temperatura ambiente. Questo procedimento va ripetuto ogni giorno per una settimana.

Al termine della settimana, scolare bene le olive e metterle in una terrina. Aggiungere l'aglio tagliato a pezzetti, il sale, il finocchio, l'origano e i peperoncini tagliati a pezzettini. Mescolare bene e poi versare in un contenitore ermetico.

Olio piccante

Ingredienti:

1 lt di olio extra vergine di oliva

6 peperoncini piccanti

Metodo di preparazione:

Tagliare peperoncini piccanti a strisce sottili e porli sul fondo di un barattolo di vetro. Coprirli con l'olio extra vergine di oliva e chiudere bene.

Conservare in un luogo buio per 1 mese prima di consumare.

I funghi

Uno dei periodi dell'anno più graditi dai Calabresi è l'autunno. La ragione è semplicemente una delizia del palato, visto che nei boschi del Pollino, la Sila, le Serre e l'Aspromonte si possono trovare grandi quantità dei cosiddetti tesori di bosco.

Nei tempi antichi, i funghi venivano chiamati la carne dei poveri, anche perché non tutti potevano permettersi la vera carne, quindi si saziavano con i funghi. I funghi si consumavano in tante maniere, crudi o cotti, sott'olio, sott'aceto, secchi, fritti, bolliti.

Ci sono degli accorgimenti da usare per preservare e cucinare i funghi in maniera ottimale: bisogna aggiungere poco sale, usare soltanto parmigiano o pecorino maturi, usare soltanto olio extra vergine di oliva, mai sbucciare l'aglio e mai friggere i funghi per troppo tempo in padella. Un metodo per conservare i funghi e allo stesso tempo mantenere il loro sapore autentico è quello di prepararli in vasetti con olio d'oliva, peperoncino piccante, finocchio e spezie.

Funghi Secchi

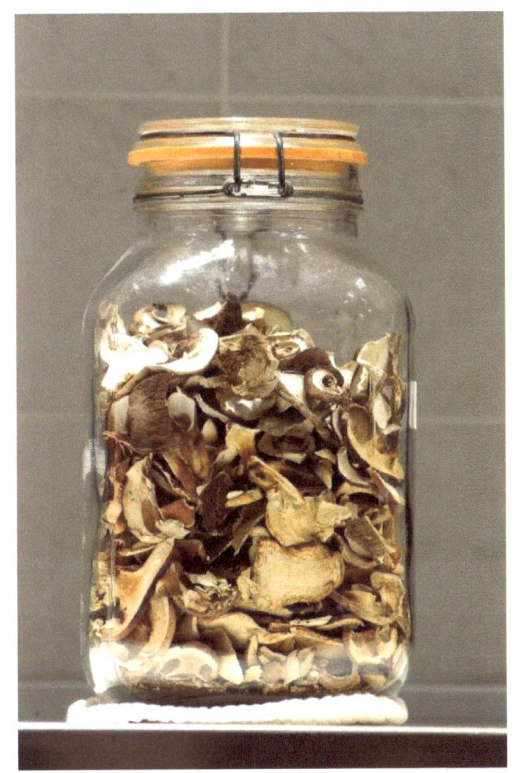

Bisogna raccogliere i funghi quando non ha piovuto. Per pulirli basta immergerli dentro l'acqua, asciugarli con un tovagliolo e tagliarli a fette.

Nei tempi antichi si essiccavano al sole, oggi si possono mettere nel forno caldo lasciando lo sportello aperto per farli asciugare. Si devono essiccare rapidamente per evitare che i funghi ammuffiscano.

Funghi in Aceto

Ingredienti:

Funghi, Cannella

Chiodi di garofano

Foglie di alloro

Aceto bianco

Sale, Pepe

Metodo di preparazione:

Con un tovagliolo umido pulire delicatamente i funghi. Bollire dell'acqua e metterci i funghi per 4 minuti.

Toglierli dall'acqua bollente e metterli ad asciugare su un telo per 3 o 4 ore.

Prendere dei vasetti, metterci dentro i funghi, la cannella, i chiodi di garofano, il pepe e l'alloro.

Bollire l'aceto con del sale e quando e` tiepido versarlo dentro i vasetti.

Funghi all'olio

Ingredienti:

Funghi

Chiodi di garofano

Pepe

Alloro

Olio

Sale

Metodo di preparazione:

Scegliere funghi piccoli, oppure se sono grandi tagliarli a pezzi, pulirli delicatamente con un tovagliolo umido. In una pentola versare aceto in quantità e coprire i funghi lasciandoli bollire per 4 minuti. Scolarli e metterli ad asciugare su un telo. Quando saranno quasi freddi metterli dentro dei vasetti aggiungendo i chiodi di garofano, il pepe e l'alloro. Coprire con l'olio.

Funghi Fritti

Ingredienti:

1kg di funghi

2 uova

Pangrattato

Prezzemolo tritato

Sale

Olio

Metodo di preparazione:

Pulire i funghi con un tovagliolo umido e tagliarli a fette. In una terrina sbattere le uova con il sale e il prezzemolo. Bagnare i funghi nell'uovo, poi passarli nel pangrattato e friggerli in olio bollente.

Sugo ai Funghi

Ingredienti:

Funghi in quantità

Olio

Aglio

Peperoncino

Sale

Salsa di pomodoro

Preparazione: Friggere l'aglio dentro l'olio e quando ha un bel colore dorato aggiungere la salsa di pomodoro. Cuocere per 20 minuti, poi aggiungere i funghi, il sale e il peperoncino. Cuocere per altri 10 minuti. Da servire con le linguine.

L'orto e i suoi tesori

Essere previdente non è da tutti, ma questo è uno dei pregi della gente Calabrese. Nei piccoli paesini quasi tutti avevano un pezzetto di terra da coltivare per provvedere alla propria famiglia. Per necessità, le persone avevano dovuto imparare a conservare i vari prodotti al tempo della raccolta per poterne usufruire poi durante l'arco dell'anno. Uno dei prodotti più facili da conservare erano i legumi, e vista la loro abbondanza, non mancavano mai fagioli, piselli, lenticchie, favi e ceci. Gli ortaggi erano sempre presenti nei piatti Calabresi, un tipico piatto è la pasta e fagioli e da non dimenticare anche il "maccù" che consiste di fave ben cucinate e poi fatte a purè.

Non mancavano broccoli, verdure e patate. In estate, i vari prodotti dell'orto venivano essiccati e conservati sott'olio per poi essere consumati durante l'anno. I pomodori secchi, le melanzane sott'aceto e le olive non mancavano quasi a nessuno.

Legumi e Verdure

Mappina

Ingredienti:

Sale

Aglio

Olio d'oliva

Insalata bianca riccia quanto basta

Peperoncini rossi non piccanti

Metodo di preparazione:

Prendere diversi cuori di insalata, lavarli bene, scolarli e metterli in una terrina. Aggiungere alcuni pezzettini di aglio e di peperoncino, sale e poco olio. Mettere un peso sull'insalata e tenerla così per 2 giorni, in frigo. Dopo 2 giorni levarla dal recipiente e metterla in un'insalatiera. Servirla.

Maccu`

Ingredienti:

500 gr di fave secche

2 mazzetti di finocchietti

1 cipolla

Olio, Sale

Pepe nero

Metodo di preparazione:

Mettere a bagno le fave secche la sera prima. In un pentola versare le fave scolate con abbondante acqua, la cipolla affettata, un po' di sale e pepe. A metà cottura, dopo circa un'ora, aggiungere i finocchietti tagliati a pezzetti.

Cucinare fino a che le fave formeranno una crema, mescolando spesso così che non si attacchino al fondo della pentola. A questo punto aggiungere il sale.

Ceci con la verza

Ingredienti:

500gr di ceci lessati

1 verza lessata

200 gr di pancetta tesa / o pelle di maiale

2 spicchi d'aglio

2 foglie d'alloro

1 peperoncino piccante

1 cucchiaio di concentrato di pomodoro

4 cucchiai di formaggio grattugiato

pepe nero macinato

pane casereccio rafferno oppure della pasta fatta in casa(maccheroni avanzati dalla domenica).

mezzo bicchiere d'olio extra vergine d'oliva.

Metodo di preparazione:

In una pentola soffriggere nell'olio la pancetta, l'aglio e il peperoncino.

Aggiungere il concentrato di pomodoro e l'alloro, poi aggiungere i ceci e la verza e salare. Cuocere per mezzora.

Servire con un cucchiaio di formaggio, del pepe nero, e olio.

Piselli

Ingredienti:

500gr di piselli

1 cipolla

2 cucchiai d'olio

1 spicchio d'aglio

Pepe nero

Sale

2 patate

500gr di pomodori pelati

Metodo di preparazione:

In una pentola friggere l'olio, la cipolla e l'aglio per 5 minuti, poi aggiungere i piselli e friggere per altri 5 minuti. Aggiungere i pomodori, le patate tagliati a dadini, il sale e il pepe nero. Cuocere a fuoco moderato per 20 minuti e aggiungere un bicchiere di acqua mentre cuoce. Da mangiare come minestra oppure aggiungendo della pasta.

Fave

Ingredienti:

500gr di fave

1 cipolla fresca

Sale

Olio

Metodo di preparazione:

Sbucciare e lavare le fave. In una pentola friggere la cipolla con l'olio, aggiungere mezzo bicchiere d'acqua e aggiungere le fave. Cuocere per cinque minuti o più secondo i gusti. Salare e condire.

Fagioli

Ingredienti:

500gr di fagioli secchi

Olio, Sale, 200gr di sedano

1 peperoncino fresco

1 spicchio d'aglio

Metodo di preparazione:

Tenere a bagno i fagioli per minimo di 8 ore. Cucinarli in abbondante acqua salata. A metà cottura aggiungere l'aglio e il sedano a pezzetti. Far asciugare a fuoco lento. Servire aggiungendo olio e peperoncino direttamente nei piatti.

Lenticchie

Ingredienti:

500gr di lenticchie

Olio

1 cipolla affettata

100gr di sedano a pezzetti

2 spicchi d'aglio

200gr di pomodori

Prezzemolo, Sale

Pepe, 1 litro di acqua

Metodo di preparazione:

Lasciare le lenticchie a bagno in acqua per qualche ora.

In una pentola aggiunger l'olio e quando è caldo rosolare la cipolla e il sedano per 5 minuti, poi aggiungere l'aglio. A questo punto aggiungere le lenticchie, l'acqua, i pomodori, il prezzemolo tritato, il sale e il pepe. Cucinare a fuoco lento per circa 20 minuti.

Licuria

Ingredienti:

300 gr di patate

150 gr di carote

100 gr di scarola o lattuga

300 gr di cipolle

100 gr di sugna

2 fette di pane abbrustolito

Peperoncino rosso piccante a pezzi Sale

Metodo di preparazione:

Lavate l'insalata, le patate e le carote, e lasciatele in acqua salata per circa 1 ora.

Nella sugna cuocere la cipolla e aggiungere poca acqua. Per finire aggiungere le verdure scolate e il peperoncino. Servire adagiando le fette di pane abbrustolite sul fondo dei piatti.

Broccoli affogati

Ingredienti:

1kg di broccoli

Olio

Sale

Pepe nero

Metodo di preparazione:

Pulire i broccoli e lavarli bene in acqua. Metterli in una padella con olio, sale e pepe e farli cuocere a fiamma bassa, aggiungendo mezzo bicchiere d'acqua alla volta fino a cottura ultimata.

Rape salate

Ingredienti

2 mazzi di rape

2 spicchi d'aglio

1 peperoncino

Sale

Olio

Metodo di preparazione:

Pulire e lessare le rape, quando sono cotte a piacere scolarle. In una padella far rosolare l'olio, l'aglio e il peperoncino. Aggiungere le rape e il sale e ripassare per qualche minuto.

Frittata di Zucchine

Ingredienti:

4 zucchine, 4 uova

Sale, Pepe , Olio

Metodo di preparazione:

Pulire e tagliare le zucchine e dischetti. Metterle in padella con un po d'acqua, sale e pepe, poi coprirle fino a cottura ultimata. L'acqua dovrà essere completamente evaporata.

Sbattere le uova con sale e pepe, versarvi le zucchine e amalgamarle bene alle uova, poi versare il composto in padella nell'olio già ben caldo. Far cuocere la frittata da entrambi i lati.

Fiori di zucchina fritti

Ingredienti:

200gr di fiori di zucchina

2 zucchine

200gr di farina

2 uova

Sale

Pepe

Formaggio grattugiato

Acqua quanto basta

Olio

Metodo di preparazione:

Lavare i fiori e tagliarli e pezzettini, lavare e tagliare a dadini le zucchine. Unire la farina, le uova, il sale, il pepe, il formaggio e l'acqua. Mescolare fino ad ottenere una pastella abbastanza liquida.

In una padella con olio caldissimo aggiungere la pastella con un cucchiaio e friggere.

Melanzane arrostite

Ingredienti:

4 melanzane,

2 spicchi d'aglio

Prezzemolo

4 cucchiai d'olio

Sale , Pepe

Metodo di preparazione:

Tagliare le melanzane a fette e adagiarle su un piatto, cospargendole di sale. Dopo 30 minuti scuotere il sale dalle melanzane, sciacquarle e asciugarle. Poi cuocerle sulla griglia ben calda per pochi minuti. Condire con aglio a pezzettini, olio, e prezzemolo tritato. Salare a piacere.

Frittata con Cipolle e Pecorino

Ingredienti:

8 uova

600 g di cipolle

160 g di pecorino

Mezzo bicchiere di olio extravergine d'oliva

Sale

Metodo di preparazione:

Sbucciare e lavare le cipolle tagliandole a fette sottili, in una padella riscaldare l'olio e far appassire le cipolle.

In una terrina sbattere le uova e aggiungere un pizzico di sale. Unire il pecorino e versare il tutto nella padellacon le cipolle. Cuocere prima da un lato e poi dall'altro.

I sott'aceto

Giardiniera di Melanzane

Ingredienti:

5kg di melanzane

500gr di carote

500gr di cipolle

Sale, Aceto bianco

Aglio

Peperoncino rosso

Olio

Metodo di preparazione:

Tagliare a fettine lunghe e sottili le melanzane e metterle in una ciotola con abbondante sale. Coprirle con un piatto e mettere sopra al piatto un peso leggero, affinché perdano l'acqua.

Tagliare anche le carote, le cipolle e i peperoni, e metterli in una terrina usando lo stesso sistema delle melanzane.

Dopo circa 24 ore strizzare bene le verdure dalla salamoia che hanno fatto.

Bollire l'aceto con dell' acqua e far cuocere le melanzane per un paio di minuti.

Togliere le melanzane e al loro posto far cuocere sempre per un paio di minuti le cipolle, poi le carote e infine i peperoni. Asciugare bene le verdure, togliendo ogni traccia di umidità, potete aiutarvi con il torchietto.

Condire con aglio e peperoncino a piacere, se piace si può aggiungere anche della mena e dell'olio extra vergine di oliva.

Invasare, metterci sopra un peso che le tiene pressate e fa uscire le bollicine di aria.

Il giorno dopo coprire con olio e chiudere bene.

Zucchine all'aceto

Ingredienti:

500gr di zucchine

2 spicchi d'aglio

1 bicchiere di aceto

Menta

Olio

Sale

Metodo di preparazione:

Lavare le zucchine e tagliarle a fette. In una padella aggiungere l'olio e friggere le zucchine per poco tempo. Asciugarle e salarle, poi metterle in una zuppiera e aggiungere della menta. Nel frattempo far bollire l'aceto con dentro l'aglio.

Versarlo sopra le zucchine e lasciarle riposare per 24 ore prima di metterle nei vasetti.

Cetriolini sott'aceto

Ingredienti:

1kg di cetriolini

1 cucchiaio di sale grosso

Alloro

Aceto bianco quanto basta

Metodo di preparazione:

Lavare i cetriolini e metterli in un recipiente con il sale. Lasciarli riposare per 2 ore. Poi scolarli e asciugarli.

Quando sono asciutti metterli in un vasetto con qualche foglia di alloro, coprire con l'aceto e chiudere il vasetto.

Basilico sott'olio

Ingredienti:

Foglie di basilico in quantità

Olio d'oliva

Metodo di preparazione:

Lavare e asciugare bene il basilico, metterlo dentro un vasetto e ricoprirlo d'olio prima di chiudere il vasetto.

Carciofini sott'olio

Ingredienti:

1kg di carciofini

5 limoni

2 bicchieri d'aceto

4 cucchiai di sale

4 foglie di menta

1 peperoncino rosso

Origano

1 spicchio d'aglio

tagliato a fettine

Metodo di preparazione:

Pulire i carciofini tagliando via le foglie dure e le spine. Metterli in un secchio con acqua corrente, quando sono ben lavati aggiungere all'acqua un bicchiere d'aceto e il succo di due limoni e poi aggiungere i carciofini.

In una pentola mettere a bollire 2 litri d'acqua con mezzo litro di aceto, del sale e il succo dei restanti 3 limoni. Quando l'acqua bolle aggiungere i carciofini e farli cuocere per 10 minuti. Scolarli e metterli nei vasetti con origano, menta, peperoncino rosso e aglio. Ricoprire con l'olio e chiudere i vasetti.

GIUSY CAPORETTO

la passione per la storia nacque in lei, dai racconti che ascoltava fin dall'infanzia dal nonno materno Andronaco Rocco ,mentre la sapienza culinaria le venne impartita dalla nonna materna Caia Rosaria. Crescere in un paesino chiamato Messignadi e situato ai piedi dell'Aspromonte rappresenta per la scrittrice, l' avventura più bella in assoluto che potesse capitarle; Messignadi, piccolo borgo calabrese rappresenta un caro ricordo.

www.ingramcontent.com/pod-product-compliance
Lightning Source LLC
Chambersburg PA
CBHW041522220426
43669CB00002B/19